Gesundheit Verstehen

Mensch sein ist mehr
Das Universum ist anders

Allen Angehörigen, Freunden, Bekannten und Seminar-Teilnehmern, die mich durch ihre Anregungen und ihren Zuspruch darin unterstützt haben, dieses Buch mit seinen ungewöhnlichen Denkansätzen zu veröffentlichen, möchte ich hiermit herzlich danken.

Ebenso danke ich den beiden Pionieren Jane Roberts und Robert Butts, die beide nicht mehr unter uns weilen. Mit Mut und Ausdauer machten sie die großartigen Seth-Sitzungen 21 Jahre lang möglich und schufen mit ihren Aufzeichnungen eine außergewöhnliche Beschreibung unserer gesamten Existenz. Dafür auch herzlichen Dank an Seth, den ungewöhnlichen Autor.

Großer Dank gebührt auch den Übersetzern Ursula Lang und Maurizio Vogrig, die seit Oktober 2000 viele bisher nicht in deutscher Sprache erschienenen Seth Bücher im Seth-Verlag verfügbar machen.

Der interdisziplinäre Stoff in diesen Büchern wird weltweit von vielen Menschen sehr geschätzt und von Medizinern, Psychologen und Heilpraktikern in ihre Arbeit mit einbezogen. Etliche Aussagen im Seth-Material wurden mittlerweile durch Erkenntnisse wissenschaftlicher Forschung bestätigt.

Lesen Sie zum Thema Gesundheit auch meine Interpretation der Seth-Philosophie mit etlichen praktischen Übungen:

Das Geistige Prinzip, ISBN: 978-3-8334-5438-7

Gesundheit Verstehen

Mensch sein ist mehr
Das Universum ist anders

Bibliografische Information Der Deutschen Bibliothek:
Die Deutsche Bibliothek verzeichnet diese Publikation in der Deutschen Nationalbibliografie; detaillierte bibliografische Daten sind im Internet über <http://dnb.ddb.de> abrufbar.

Copyright © 2014
Elsa Henschel
E-mail: elsa@das-geistige-prinzip.de
Internet: www.das-geistige-prinzip.de

Herstellung und Verlag:
BoD-Books on Demand, Norderstedt
ISBN: 978-3-7357-1181-6

Alle Rechte, insbesondere des vollständigen und auch auszugsweisen Nachdrucks, der sonstigen Reproduktion, Fotokopie, Mikroverfilmung sowie der Übersetzung und auch jeglicher anderer Aufzeichnung und Wiedergabe durch bestehende und künftige Medien, sind vorbehalten.

Die in diesem Buch gemachten Äußerungen zu Fragen der Gesundheit und der medizinischen Wissenschaft sind Ansichten der Autorin. Sie sollten nicht als Ersatz für ärztliche Beratung und Behandlung verstanden werden.

Inhalt

Seite

Vorwort 6

Teil eins
Gesundheit verstehen 9
    Körper 12
    Psyche, Geist und Seele 19
    Die Zusammenarbeit von Geist und Körper 25
    Gesundheit verstehen 33
    Unsere Psyche 47
    Unsere Zellen 49
    Die Sache mit den Schaltern ... 51

Teil zwei
Mensch sein ist mehr 53
    Von Energie zum menschlichen Körper 56
    Vom Bewusstsein zum Ego-Bewusstsein 61
    Bewusstseinsfamilien 64
    Unsere inneren Sinne 67
    Koordinationspunkte 72
    Wahrscheinlichkeiten 75
    Resümee 80
Das Universum ist anders 81
    Ein Schöpfungsakt 83
    Die Einheit von drei Welten 85
    Die Prinzipien des Grund-Universums 87
    Resümee 92

Anhang
    Wichtiges auf einen Blick 94
    Eine mentale Pille 95

Quellenangaben 96
Stichwortverzeichnis 96
Notizen 98

Vorwort

Liebe Leserin, lieber Leser,
mit diesem Buch haben Sie sich etwas Gutes getan. Sie halten praktische Hinweise und wichtiges Grundlagenwissen für die Gesundheit von Körper und Psyche in Ihren Händen. Verstehen und leben Sie die natürlichen Regeln, die es schon immer gab, und führen Sie mehr und mehr ein Leben nach Ihren Wünschen.

Dieses Buch enthält einige ungewöhnliche Informationen, Sie können es auch sehr gern mehrmals lesen und es lässt sich sogar verschenken. Darüber hinaus gibt der sowohl sachliche als auch philosophische Inhalt einen wunderbaren Rahmen für anregende Diskussionen ab, wie ich selbst feststellen durfte.

Die Idee zu einem Seminar über Gesundheit bewegte mich schon längere Zeit, denn ich wurde immer wieder mal gefragt, ob ich nicht das Wichtigste über Gesundheit aus meiner Sicht einmal in kompakter Form zusammentragen könnte. In mir wuchs auch der Wunsch deutlich zu machen, dass wir Menschen nicht hilflos unserem Schicksal von Vererbung und Unglück ausgeliefert sind. Aus meinem Seminar entwickelte sich dann die Idee zu diesem Buch. Mein Beitrag soll allen Mut machen, sich unabhängig von solchen Gegebenheiten ganz neu zu orientieren.

Jeder Mensch hat die Fähigkeit, aber auch die Verantwortung, sein einzigartiges Leben selbst in die Hand zu nehmen. Wir sind so immens vielseitige Wesen. Unser Potenzial sollte nicht länger durch Ängste gebremst werden. Lernen Sie, Wichtiges von Unwichtigem zu trennen. Werden Sie wach für neue Einsichten in Ihre großartigen Möglichkeiten. Spüren Sie Ihre eigene Kraft und wenden Sie diese für ein erfüllendes Leben an.

Meine Seminartage sind immer sehr lebhaft und ich weiß, dass die Interaktion mit den Teilnehmern die Themen lebendig macht. Das ist insbesondere bei den Übungen der Fall. So etwas kann ich Ihnen mit dem vorliegenden Buch nicht bieten. Deshalb habe ich als kleines, und wie mir gesagt wurde, zauberhaftes BonBon dem ersten Teil über Gesundheit einen zweiten Teil hinzugefügt.

Darin beschreibe ich die nicht greifbaren Dinge: das noch längst nicht erforschte Wunder unseres menschlichen Daseins und unsere natürlichen Verbindungen mit der unendlichen Energie der Quelle. Und nicht nur das: Sie werden über die Geburt unseres Universums lesen und über die Entwicklung unseres Ego-Bewusstseins und unseres Körpers bis hin zu den Prinzipien der unendlichen, 'göttlichen' Energie.

All dies drückt sich in unserer Welt aus, und es wird wohl noch eine kleine Weile dauern, bis wir es aus unserem Blickwinkel verstehen. Aus den Studien und Forschungen z.B. im Bereich des Bewusstseins, der Medizin, der Biochemie, der Zellforschung, der Physik, der Quantenphysik und anderen Disziplinen sind in den letzten 20 Jahren sehr viele hervorragende, neue Erkenntnisse hervorgegangen. Wir können also hoffen, dass dieses Wissen in weiteren 10 Jahren im normalen Alltag der Studenten, der Pharmaindustrie, der Ärztepraxen und letztlich bei den Kunden angekommen sein wird.

Die Wechselwirkungen zwischen Bewusstsein und Materie lassen vermuten, dass unsere Welt nicht nur linear abläuft, sondern anders funktioniert, als wir bisher dachten. Zu meiner Freude wurde Vieles von dem, was Seth von 1963 bis 1984 in seinen Büchern übermittelt hat, mittlerweile durch wissenschaftliche Forschungen bestätigt, und Weiteres wird als Möglichkeit in Betracht gezogen.

Es geht stetig voran, manchmal schneller und dann wieder etwas langsamer. Je mehr wir wissen, desto bessere Fragen können wir stellen, die wiederum weiterführende Antworten zur Folge haben. Wir alle wandeln uns mit unseren Erkenntnissen. Ich denke, dass wir stets die vor uns liegenden Herausforderungen meistern werden, und es wird umso leichter sein, je besser wir unseren Intellekt mit unseren Intuitionen zusammenarbeiten lassen.

Wir leben in einer Zeit des Wandels; der einzelne Mensch und seine Integrität werden wichtiger und somit auch unser Ego. Das setzt auch bewussteres Denken und Handeln voraus. Dem steht jedoch entgegen, dass wir noch zu mehr als 90 % von unserem Unbewussten gesteuert werden. Unser Potenzial liegt demnach noch im Verborgenen und wartet darauf, entdeckt zu werden. Hierzu sagte Seth schon in der 7. Sitzung in "*Die frühen Sitzungen, Band 1, S.32-36*":

> "Der bewusste Geist sollte wissen, was der unbewusste tut.
> Bewusstheit ist schließlich das Ziel."

Und damit möchte ich beginnen.

Aus der Sicht einer anderen Ebene könnte der Anfang für dieses Buch auch einfach so gewesen sein:

Eines Nachts sitzen zwei junge Engel auf ihrer Wolke und spielen Scrabble. Sie laben sich an ihrem wunderbaren virtuellen Rotwein und haben viel Spaß dabei. Da plötzlich fliegt ein Meteor sehr nah an ihnen vorbei. Der Fahrtwind ist etwas heftig für ihre Wolke. Die Zwei können kaum den Tisch mit den Spielsteinen festhalten. Da fließen auch schon die Worte von der Tischkante und sickern in die Exosphäre der Erde. Unglaubliche Worte tropfen da auf die Menschheit zu. ...

Und auf der Erde formen sich die Ideen zu einem Intensiv-Seminar über das Verstehen von Gesundheit. Aber das ist noch längst nicht alles, weitere Tropfen dieser schier unfassbaren Worte strömen in den Text und erlauben Einblicke in die unsichtbaren Verbindungen zwischen uns und der ursprünglichen Sphäre, aus der unsere Welt entstand ...

Lesen Sie hier, was daraus entstanden ist.

Teil Eins

Gesundheit verstehen

Herzlich willkommen.
Ich freue mich über Ihr Interesse an Gesundheit. Als spirituelle Therapeutin biete ich seit vielen Jahren Erfahrungsheilkunde für Körper, Geist und Seele an. Beruflich hatte ich zwar einen ganz anderen Weg eingeschlagen, jedoch mit Gesundheit beschäftige ich mich schon seit den 1960er Jahren. Altes und neues Wissen aus vielen Teilen der Erde haben mein Verständnis von Gesundheit geprägt und seit 1985 zu großen Teilen auch die Seth-Philosophie.

Durch die Anwendung der in den Seth-Büchern beschriebenen Übungen zeigten sich u.a. meine Fähigkeiten der geistigen Heilung. Seth kann als Geistwesen bezeichnet werden. Er hat seine Bücher über 'Gott und die Welt' von 1963 bis 1984 durch die Schriftstellerin Jane Roberts gechannelt. Das sehr weit gefächerte großartige Wissen darin begeistert mich noch heute. Insofern werde ich mich auch im Folgenden hier und da darauf beziehen.

Dieses Buch wird für jeden verständlich sein, ganz ohne komplizierte Fachausdrücke. Ich versuche zunächst, den Körper und die Psyche separat zu beschreiben, was kaum möglich ist, um dann darzustellen, was deren Zusammenarbeit in unseren Zellen bewirkt. Sie finden überall im Text Hinweise dafür, was Sie praktisch für Ihre Gesundheit tun können.
Und dann bitte ich Sie ganz herzlich, die Fragen und Übungen zwischendurch einfach mitzumachen. Es kann vielleicht noch unterhaltsamer sein, dies mit Freunden gemeinsam zu tun.

Bitte machen Sie sich jetzt zu Beginn einmal klar, was für Sie Gesundheit bedeutet, was Sie persönlich darunter verstehen. Und dann schätzen Sie in diesem Moment Ihren Gesundheitszustand auf einer Skala von 1 bis 10 ein. Die 10 bedeutet hierbei kerngesund.

Am besten schreiben Sie sich Ihre Zahl auf und dann fragen Sie sich bitte selbst, ob sich etwas ändern soll. Im Folgenden finden Sie sicher einige passende Möglichkeiten, um damit gewünschte Veränderungen herbeizuführen.

Immer mehr körperliche Krankheiten werden heute schon psychosomatisch genannt. Damit ist gemeint, dass sie durch den Einfluss der eigenen Psyche verstärkt oder sogar verursacht werden. Ich selbst bin überzeugt davon, dass unsere Psyche noch viel mehr bewirkt. Deshalb möchte ich Ihnen hier ein neues, natürliches Verständnis für die menschliche Gesundheit nahe bringen. Es geht mir dabei speziell um die Wirkungen zwischen Geist und Körper, die oft in der öffentlichen Diskussion zu kurz kommen.

Lesen Sie, wie sich auf ganz natürliche Weise in unseren Zellen Gesundheit oder Krankheit entwickeln kann. Das Verstehen dieser Vorgänge kann Ihr Leben verändern. Lernen Sie einfache, aber sehr wirksame Strategien zur Erhaltung und Wiedererlangung von Gesundheit kennen. Alles zusammen wird Ihnen sicherlich gute Denkanstöße für Ihre eigene Gesundheit geben.

Bitte nehmen Sie die Kernaussage dieses Buches wörtlich: Sie selbst können sehr viel für Ihre eigene Gesundheit tun!
Sie sind nicht hilflos allen Ungewissheiten des Lebens ausgeliefert und Sie wissen viel mehr über sich selbst als Ihnen bewusst ist. Erkennen Sie die Dinge, die in Ihrem Leben gut laufen. Das gibt Ihnen die Kraft, um andere Dinge zu verändern.

Gesundheit ist kein permanenter Zustand, sondern Ihre eigene Fähigkeit *und* Bereitschaft, Ihre Energie in der richtigen Weise zu Ihrem eigenen Wohl einzusetzen. Achtsamkeit und ein gutes Körperbewusstsein ist gefragt. Also achten Sie auf sich selbst und lernen Sie, sich selbst und Ihre Bedürfnisse zu respektieren.

Sammeln Sie die guten Momente in Ihrem Leben und verändern Sie aktiv das, was Ihnen Probleme macht. Packen Sie es an; eins nach dem anderen. Sie werden es merken, Ihr eigener Erfolg gibt Ihnen dann zusätzliche Kraft. Auf diese Weise erneuern Sie Ihre

Lebensenergie und ganz nebenbei erhöht sich automatisch auch Ihre Hilfsbereitschaft und Ihr Verständnis für andere.

Übung 1: "Denken Sie jetzt einmal an einen erfolgreichen Moment in Ihrem Leben und erinnern Sie sich an Ihr Gefühl, das Sie dabei hatten. Versuchen Sie, dieses Gefühl jetzt ganz deutlich in Ihrem Körper zu spüren. Schwelgen Sie in diesem Gefühl und versuchen Sie, weitere Momente dieser Art zu erspüren. Bleiben Sie in diesem Gefühl ca. 2-5 Minuten lang.

Diese Übung hilft Ihnen und Ihrem Körper, wenn Sie sich nicht gut fühlen oder gestresst sind. Sie fühlen sich danach insgesamt wieder besser und können sich auf Ihre Stärken besinnen."

Wenn ich Ihnen rate, bei sich selbst zu beginnen, hat das nichts mit Egoismus zu tun, denn nur wenn Sie selbst auf festem Grund stehen, können Sie auch anderen helfen. Machen Sie sich einfach mal bewusst, dass Sie der Mittelpunkt Ihres Lebens sind, denn ohne Sie würde dieses Leben gar nicht existieren. Also behandeln Sie sich auch so. Sie selbst sind die Ursache für Ihr Leben, bei Ihnen laufen alle Fäden zusammen. Sie selbst geben Ihrem Leben einen Sinn. Und in Ihnen ist auch die Energie für Gesundheit, sonst würden Sie jetzt nicht dieses Buch lesen.

Jeder Mensch kann Gesundheit oder auch Krankheit in sich entwickeln. Manche handeln instinktiv richtig, andere können es lernen, ihre Sorgen und Beschwernisse beiseite zu stellen und sich jeden Tag für eine Viertelstunde bewusst eine Auszeit zu nehmen, in der sie nur *den jetzigen Moment erleben*.

Versuchen Sie es auch einmal. Setzen oder legen Sie sich bequem hin und denken zum Beispiel an nichts. Lassen Sie alle Gedanken einfach vorbeiziehen. Das hilft Ihnen, neue Kraft zu schöpfen und bringt Ihre psychischen Energien wieder an den richtigen Platz.

Diese Art der Meditation ist fast jederzeit und überall sehr leicht zu praktizieren. Vielleicht gefällt sie Ihnen. Meditieren ist hilfreich bei vielen Belastungen.

Wirksam ist nicht, was Sie tun, sondern dass Sie sich bewusst von der Sie belastenden Energie Ihrer Gedanken und Gefühle abwenden. Sie schenken dieser Energie keine Aufmerksamkeit mehr und dadurch wird sie automatisch kleiner! – Und eine kleinere Belastung können Sie besser handhaben, stimmt's?

Lassen Sie sich ein auf die manchmal abenteuerlichen Aussagen dieses Buches und erlauben Sie sich einfach mal, Ihre ganze Persönlichkeit aus einem neuen, anderen Blickwinkel zu sehen.

Jeder Mensch ist einmalig. Wenn jede Schneeflocke ein Unikat sein soll, weshalb sollte es der Mensch denn nicht sein? Sie sind ein einzigartiges Individuum. Niemand anders hat Ihre Gefühle und Gedanken. Sie sind unvergleichlich, mit einem einmaligen Körper, einer einmaligen Psyche und einmaligen Gewohnheiten und Eigenarten.
Und trotzdem kenne ich Viele, die sich ständig mit anderen vergleichen – zumeist auch noch zum eigenen Nachteil.

Gesundheit ist im Prinzip so etwas wie ein inneres Wohlgefühl und Interesse am Dasein, und ganz sicher nicht nur die Abwesenheit von Krankheit. Jeder Mensch empfindet dies auf eigene Weise. Begleiter von Gesundheit sind vor allem Humor, Kreativität, Freude an der Natur und gute menschliche Beziehungen.

Gesundheit und Liebe sollten von Zeit zu Zeit wieder aufgefrischt werden. Zeigen Sie anderen Ihre Wertschätzung, dann kommt sie vielfach zu Ihnen zurück.

Körper

Betrachten wir zunächst Ihren Körper, dieses geniale Wunderwerk. Wenn alles optimal läuft, arbeitet er gut 100 Jahre mit einer erstaunlichen Präzision. Ein so phantastischer Körper ist bisher technisch absolut nicht herzustellen. Ich möchte Ihnen beschreiben, wie durch spezielle Eigenschaften Ihrer Psyche in

Ihren Zellen Gesundheit oder auch Krankheit entsteht. Vererbung spielt dabei nur eine untergeordnete Rolle.

Ihr Körper ist eine wundersame, energiedurchflutete, biologische Chemiefabrik, die ihr Leben lang perfekt in den Kreislauf der Erde eingebunden ist. Mit Hilfe seiner fünf Sinne kann Ihr Körper Ihnen im Laufe Ihres Lebens eine Vielfalt herrlicher aber auch unangenehmer Eindrücke vermitteln. Sie können z.B. eine Blumenwiese sehen, Musik hören, einen herrlichen Duft riechen, eine köstliche Speise schmecken, eine zarte Babywange fühlen aber auch Wadenkrämpfe spüren.
Sie sollten vor den Leistungen Ihres Körpers tatsächlich große Achtung haben. Und ob Sie es glauben oder nicht, Sie haben genau diesen gewählt, lang bevor Sie drin steckten.

Von Beginn an wächst Ihr Körper nach einem individuellen Masterplan heran, nach dem er sich optimal entwickeln und funktionieren kann, denn Sie selbst haben diesen Plan zusammen mit Ihrer Seele erstellt. Die Gene enthalten biologisch eingeprägte Informationen, die für jeden Menschen ganz speziell gültig sind. Sinngemäß nach dem Buch *"Seth und die Wirklichkeit der Psyche, Band 2, S.302-305"* möchte ich das hier einmal so beschreiben: Die Erbinformationen in Ihren Genen bestehen aus dem psychischen Wissen und den physischen und biologischen Erfahrungen sowohl all Ihrer Ahnen, als auch all Ihrer Inkarnationen und sogar all Ihrer Zeitgenossen, die jetzt auf dieser Erde leben.

Diese riesige Informationsmenge ist als Gen-Code auf Sie übertragen worden. Die psychischen und körperlichen Erinnerungen Ihrer Ahnen, Inkarnationen und Zeitgenossen sind dadurch ein Teil von Ihnen geworden. Sie sind in jeder Ihrer Zellen enthalten und können daher von Ihnen sogar jederzeit in psychische und emotionale Ereignisse *zurück* übersetzt werden.

Genau das geschieht z.B. bei Rückführungen, wenn traumatische und andere Erfahrungen wiedererlebt werden. Tatsächlich reagieren wir gefühlsmäßig im ganz normalen Alltag oft ungewollt auf längst vergangene Ereignisse – und sogar auf zukünftige, was ich hier aber nicht weiter ausführen werde.

Mit den Erbinformationen wird Wissen und Erfahrung weitergegeben, die weit über das biologische Erbe hinausgehen, von dem heute die Genforschung so fasziniert ist. Dieser riesige Informationspool unterstützt den winzigen Organismus bei seiner Entwicklung von innen her, bis der menschliche Verstand langsam beginnen kann, sich den eigenen Körper und die Umgebung bewusst zu machen.
Obwohl wir das manchmal gar nicht glauben mögen, kommt jedes Kind zur richtigen Zeit und in der Umgebung zur Welt, in der es am besten seine inneren Fähigkeiten und Vorhaben verwirklichen kann.

Ihr individueller Gen-Code in den Zellen verbindet Sie mit Ihrer Seele, Ihrem inneren Selbst. Diese Verbindung sorgt für alle lebenserhaltenden Prozesse im Körper und stützt die Psyche durch innere Informationen, Intuitionen und Träume. Jeder Mensch ist Sender und Empfänger von Signalen, und oftmals reagieren wir körperlich und psychisch auf Informationen, die wir selbst gar nicht bewusst wahrgenommen haben. Es ist nicht ungewöhnlich, dass wir beispielsweise spüren, wenn jemand schwer erkrankt ist, dem wir emotional nahe stehen. Oder wir denken plötzlich intensiv an jemanden, und dieser Mensch ruft uns kurz darauf an.

Im Verlaufe von etwa sieben Jahren erneuern sich unsere sämtlichen Körperzellen, ohne dass wir etwas davon merken. Das abgestorbene Material wird durch die Lymphgefäße abtransportiert, ausgeschieden und abgewaschen. Damit diese Prozesse in uns ununterbrochen ablaufen können - und dazu gehört unter anderem auch noch der gesamte Stoffwechsel unserer Nahrung jeden Tag - benötigt unser Körper natürlich etwas Bewegung. Es muss jedoch kein Hochleistungssport sein. - Was auch immer Sie tun, es sollte Ihnen in jedem Falle Freude und gute Laune bereiten!

Das physische Material Ihres Körpers erneuert sich ständig, aber die neuen Zellen übernehmen die alten Informationen. Und dabei werden nicht die identischen Informationen übertragen, sondern immer nur größtmögliche Näherungen. Das heißt, die Erneuerungen produzieren stets auch Veränderungen.
Wir nennen das zuerst Wachstum und später Altern.

Diese Begriffe lassen ahnen, dass die Veränderungen nicht gleichmäßig über das ganze Leben verlaufen, sondern unterschiedlich und planvoll sind. Wenn wir uns unseren Körper vom Fötus bis zum Greis betrachten, ist das unübersehbar. Und manch einer würde diese Veränderungen speziell ab der zweiten Lebenshälfte gern verlangsamen. Ob das wohl möglich ist?

Nach den heutigen Erkenntnissen der Naturwissenschaften ist alle Materie der Ausdruck von Energie unter bestimmten Bedingungen. Wir leben demnach in diesem materiellen oder auch physischen Universum und diese ganze Welt besteht offenbar unterhalb des Sichtbaren und Messbaren aus einer Art Grund-Energie, die sich individuell in alle Formen und Arten von Materie umwandelt. Atome, Moleküle, Elektronen usw. sind materialisierte Grund-Energie. Und diese Energie, aus der alles besteht, drückt sich im materiellen Universum stets in materieller Form aus.
Ich möchte hinzufügen, dass jedes Quäntchen Energie über Bewusstsein verfügt, wodurch es sich in der ihm eigenen Weise materialisieren kann.

Durch Umwandlung und Veränderung wird also kontinuierlich Neues erschaffen, denn dies gilt ja nicht nur für unsere Zellen. In unserem Universum existiert deshalb im Kleinen und im Großen alles nur einmal, nichts ist doppelt, auch keine Schneeflocke und auch kein Klon. Dieser Prozess der Umwandlung und Erschaffung gehört zu unserem natürlichen Erbe, wir können uns dem nicht entziehen.

Als Mensch haben wir jedoch die Möglichkeit, die Art der Veränderung, bis zu einem gewissen Grad bewusst zu beeinflussen. Unser Körper könnte z.B. mit 100 Jahren noch ebenso stark und beweglich sein wie der eines gut trainierten 50jährigen von heute.

Das ist tatsächlich für Diejenigen möglich, die in der Lage sind, stets alle krankmachenden Energien wieder aufzulösen, so dass die Körperzellen größtenteils mit aufbauenden Informationen erneuert werden. Hierbei spielt ein mentaler Faktor eine wesentliche Rolle, der in die Theorien der Medizin und der Physik bisher nicht mit einbezogen wurde.

Vielleicht kennen Sie selbst auch Menschen, die erheblich jünger oder aber älter aussehen, als sie tatsächlich sind?

Glauben Sie es oder nicht: auch Sie selbst bestehen ursprünglich aus Energie, die sich in Materie umgewandelt hat. Wie ich vermute, hat das gut geklappt. Ihr Körper und Ihr Ich oder Ego sind beide zur selben Zeit auf diese Welt gekommen und Sie haben einen Verstand und einen freien Willen erhalten. Diese erlauben Ihnen – im Gegensatz zur übrigen Natur – viel umfangreichere und geplante, absichtliche Handlungen. Damit sind Sie in der Lage, Ihre inneren Absichten in Ihrem körperlichen Leben *erfahrbar* zu machen.

Tiere sind da etwas anders. Ein Hund könnte z.B. nicht beschließen, von hier aus nach Paris zu laufen, obwohl er rein körperlich dazu durchaus in der Lage wäre.

Übung 2: "Erspüren Sie, wie Ihr Körper auf Ihre Gedanken reagiert. Sitzen Sie bequem, schließen Sie bitte die Augen, wenden Sie Ihren Blick nach innen und spüren Sie in Ihren Körper hinein. Wie fühlt er sich jetzt gerade an? Ist er irgendwo kühl oder warm? Ist irgendwo eine Unruhe oder Spannung vorhanden? Sind besondere Gefühle da? Entspannen Sie sich, und wenn alles OK ist, beginnen Sie mit der Übung.
Jetzt bitte ich Sie, an etwas Bestimmtes zu denken. Merken Sie sich bitte, was dabei in Ihrem Körpergefühl anders wird.

- Denken Sie bitte jetzt an eine Situation in Ihrem Leben, bei der Sie sich gar nicht gut fühlten, die Sie auch bis heute nicht vergessen haben. Egal, was es ist, gehen Sie in Gedanken zurück zu diesem Zeitpunkt und stellen Sie sich die Situation noch einmal sehr deutlich vor. Versuchen Sie, soviel wie möglich an Einzelheiten von diesem Ereignis zu erspüren.
Nach ca. 3 Minuten kommen Sie zurück ins Hier und Jetzt und schreiben sich am besten kurz auf, was sich in Ihrem Körpergefühl während der intensiven Erinnerungsphase verändert hat.

Jetzt bitte ich Sie erneut, an etwas Spezielles zu denken. Merken Sie sich bitte wieder, was dabei in Ihrem Körper anders wird.

- Schließen Sie bitte die Augen. Denken Sie an ein Ereignis in Ihrem Leben, in dem Sie sich besonders gut und stark gefühlt haben. Gehen Sie in Gedanken zurück zu diesem Zeitpunkt und stellen Sie sich diese Situation intensiv vor, so als ob Sie sie gerade wieder erleben würden. Versuchen Sie wieder, soviel wie möglich an Einzelheiten von diesem Ereignis zu erspüren.

Nach ca. 3 Minuten kommen Sie wieder zurück ins Hier und Jetzt und schreiben sich wieder kurz auf, was sich in Ihrem Körpergefühl während der intensiven Erinnerungsphase verändert hat."

Konnten Sie merken, wie Ihr Körper Ihre unterschiedlichen Gefühle erlebt? Eine tiefe Erinnerung an besonders schöne Erfahrungen kann Ihnen sofort wieder gute Gefühle bereiten und natürlich auch umgekehrt. Ihr Körper lebt immer im Jetzt und reagiert in diesem Augenblick auf alles, was Sie denken und fühlen und was Ihnen geschieht. Wenn Sie sich schon einmal erschreckt haben, wissen Sie genau, was ich meine. Im Alltag beachten Sie das vermutlich gar nicht, erst wenn Ihr Körper etwas Deutlicheres anzeigt, wie z.B. eine verstopfte Nase oder Kopfschmerz, dann werden Sie aufmerksam.

Fragen Sie sich demnächst doch einmal selbst bei den ersten Anzeichen einer *Erkältung*, was Sie in den letzten 24 Stunden genervt oder belastet hat. Wenn Sie das herausgefunden haben, schauen Sie hin: Was genau hat Sie belastet? Was hätten Sie anders machen können? Was würden Sie das nächste Mal tun? Sobald Sie die Situation verstanden haben und beschließen, wie Sie besser handeln können, wird Ihre Erkältung zurückgehen.

Das funktioniert so, weil all unsere Wahrnehmungen laufend von unserer Psyche verarbeitet werden und wir normalerweise darauf reagieren. Wenn wir aber Reaktionen auf für uns Unangenehmes unterdrücken oder zurückhalten, dann drückt sich diese Energie durch unseren Körper aus. Über die Nebenhöhlen wird der meiste kleine Ärger verarbeitet.
Wenn wir Grund zur Freude haben, würden wir das gar nicht unterdrücken wollen, denn dann freuen wir uns einfach.

Der kurze Überblick über unseren einmaligen Körper mit Masterplan und Gen-Code, seiner ständigen Erneuerung und Veränderung macht deutlich, dass hier Mechanismen vorhanden sind, die bei allen Menschen so funktionieren, allerdings in jedem Menschen unter seinen ganz privaten Bedingungen.
Diese Bedingungen wollen wir näher kennen lernen. Unsere lebenserhaltenden Prozesse werden derweil zum allergrößten Teil von unserem Unterbewusstsein gesteuert, und zwar schon seit vielen Millionen Jahren und sehr zuverlässig.

Unser Ich oder auch Ego, mit dem wir uns identifizieren, ist sich dessen kaum bewusst. Denn von Beginn an werden wir darauf trainiert, mit unseren fünf körperlichen Sinnen (sehen, hören, riechen, schmecken und berühren) unsere äußere Wirklichkeit wahrzunehmen und zu bewerten. Nach unserem Urteil bestimmen wir, was gut und böse ist, wer Freund und wer Feind ist.

Unser Ego gibt also die Richtung an, und das ist tatsächlich auch seine Aufgabe. Unser Verstand soll dabei klar, bewusst und frei über alles, was wir tun und lassen, bestimmen können. Doch wenn das Ego sehr belastet ist, kann es auch Anweisungen nach innen geben, die zu Störungen in den sonst so gut funktionierenden Abläufen führen. Und das nennen wir dann Krankheit.

Belastungen des Egos können durch Erlebnisse und Gedanken entstehen, die nicht verstanden und nicht verarbeitet werden, die irgendwann geschehen - auch im Mutterleib. Das können Ängste, körperliche und seelische Verletzungen, Schuldgefühle, Unfälle, Missbrauch, Ablehnung, Gefühle der Ohnmacht, Unterdrückung, Kriegserlebnisse sein und vieles mehr.
Wenn das Ego belastet ist, dann ist die Wahrnehmung gestört, der Verstand kann nicht mehr klar denken und urteilen, und der freie Wille ist nicht mehr frei. (Siehe: Unsere Psyche).
Alle Belastungen, die ein Mensch - aus welchen Gründen auch immer - angezogen hat, prägen mentale und emotionale Energien. Diese Prägung ist mit geeigneten Mitteln wieder aufzulösen.

Wer einmal eine Angststörung, Depression oder BurnOut hatte, kann verstehen, dass Hilfe nötig ist. Die Schwere psychischer

Belastungen und ihre Langzeitwirkung wird oftmals unterschätzt. Und Sie sollten auch wissen, dass Belastungen des Egos sich nicht nur psychisch ausdrücken, sondern es können daraus ebenso alle körperlichen Krankheiten, Unfälle oder sogar Amokläufe entstehen.

Psyche, Geist und Seele

Ihre Psyche ist der Sitz Ihrer emotionalen Wahrnehmung und Befindlichkeit. Obwohl Sie sich vermutlich als Einheit von Körper und Geist empfinden, ist Ihr Körper stets im Hier und Jetzt, sozusagen in Zeit und Raum gefangen, während es für Ihren Geist diese Grenzen nicht gibt. Sie können im Sessel sitzen und zur selben Zeit mit Ihren Gedanken verreisen, z.B. in schöne Erinnerungen aus der Vergangenheit oder Sie können gedanklich wunderbare Pläne für die Zukunft schmieden und sich diese bildlich vorstellen (visualisieren).

Ihr Geist beschäftigt sich mit dem nicht Greifbaren, das deshalb jedoch nicht unwirklich ist, denn die Wirklichkeit beschränkt sich keineswegs nur auf Materielles. Ihre Gedanken und Gefühle sind mentale Energie, eine Energie, die geistiger Art ist. Diese wird in physische Signale übersetzt, die automatisch Ihrem Körper mitgeteilt werden, in ihm wirken und dann zu entsprechenden Handlungen Ihrerseits führen. Ihr Gehirn können Sie als Übersetzungszentrale betrachten, mit dem Sie sich all diese Dinge bewusst machen, so dass Sie darüber nachdenken und Erkenntnisse und Entscheidungen daraus ableiten können.

Handeln ist in physische Bewegung gebrachtes Denken. Somit sind Ihre Gedanken und Gefühle der Antrieb für Ihr Tun. Sie können darauf entweder automatisch reagieren, was die meisten Menschen auch tun, oder Sie entscheiden bewusst mit Verstand und freiem Willen, wie Sie darauf reagieren *wollen*.

Übung 3: "Hierzu ein kleines Experiment: Versuchen Sie, sich möglichst wie ein guter Schauspieler jeweils in die folgenden Situationen hineinzuversetzen. Tun Sie für den Moment so, als wenn Sie selbst in dieser Situation wären. Lassen Sie sich ruhig etwas Zeit zwischen den einzelnen Situationen.

1. Es klingelt an der Haustür und draußen steht ein sehr guter Freund aus Ihrer Jugend, von dem Sie seit vielen Jahren nichts mehr gehört haben.
- Was fühlen und denken Sie und was möchten Sie spontan tun?

2. Sie sind mit dem Auto in den Urlaub gefahren und als Sie trotz aller Aufenthalte rechtzeitig Ihre Fähre erreichen, da stellen Sie fest, dass das Schiff nicht mehr da ist. Sie hören, dass es wegen einer kurzfristigen Fahrplanänderung schon eine Stunde früher gefahren ist, und die nächste Fähre fährt erst am nächsten Tag.
- Was fühlen und denken Sie und was möchten Sie spontan tun?

3. Sie sitzen nach einem Theaterbesuch im Abendkleid bzw. im Smoking in einem Restaurant und möchten noch ein Glas Wein zum Abschluss trinken. Der Kellner kommt und bringt Ihnen die gewünschte Flasche Rotwein. Dann beim Einschenken der Gläser gießt er Ihnen plötzlich den ganzen Rotwein auf das Kleid bzw. auf den Smoking.
- Was fühlen und denken Sie und was möchten Sie spontan tun?

Schauen Sie sich Ihre Gefühle gut an. Sie erzählen Ihnen etwas über Ihre aktuelle psychische Befindlichkeit."

Konnten Sie spüren, wie Ihr Tun aus Ihren Gedanken und Gefühlen entsteht? All Ihre geistigen Energiepakete drängen mit Macht in die Wirklichkeit, denn sie wollen sich ja ausdrücken.

Ein kurzer aber starker Moment der *Freude* kann *Heilung* bewirken und Ihr ganzes Leben verändern. Vielleicht denken Sie jetzt an einen Moment tiefer Liebe oder an das Gefühl, als Sie zum ersten Mal ein Baby im Arm hielten?
Bitte erinnern Sie sich doch jetzt gleich einfach mal so an einige schöne Augenblicke in Ihrem Leben und erfreuen Sie sich daran.

Es wirkt wie ein Zauber, wenn Sie die Macht Ihrer Gedanken und Gefühle ganz bewusst für Ihre Gesundheit nutzen können. Dieses Zusammenspiel von Geist und Körper ist ein Grund für die Erfolge der unterschiedlichsten Therapien.

Lassen Sie uns nun einen Blick in Ihr Bewusstsein werfen. Es ist einigermaßen überschaubar. Hier sind Ihre bewussten Gedanken und Gefühle und all das, was Ihre Lebensplanung ausmacht und natürlich noch ein wenig mehr. All das ist Ihnen bewusst, darüber haben Sie scheinbar die Kontrolle. Mit Hilfe Ihres Verstandes versuchen Sie im Laufe Ihres Lebens ein Bewusstsein über immer mehr Dinge aufrechtzuerhalten, wovon einige dennoch irgendwann - und meistens unbewusst - in Ihrem Unterbewusstsein verschwinden. Sie kennen sicher alle z.B. das verflixte Namens- oder Zahlengedächtnis. Warum ist das so?

Sehen Sie es einfach so: Ihre physischen Sinne haben nur einen begrenzten Bereich der Wahrnehmung, und dennoch geht die Welt außerhalb Ihrer Wahrnehmung noch weiter. Ebenso haben Sie einen begrenzten aktiven Bewusstseinsbereich und außerhalb davon geht Ihre geistige Welt auch noch sehr viel weiter.

Wichtige Daten, mit denen Sie häufig umgehen, sind immer schnell für Sie erreichbar. Sobald Ihr Interesse jedoch nachlässt, rutschen die Dinge aus Ihrem aktiven Bewusstseinsbereich in Ihr persönliches Unterbewusstsein. Sämtliche Ereignisse, Gedanken und Gefühle Ihres Lebens sind dort immer vorhanden und wieder auffindbar, wenn es nötig ist. Sogar das, was Sie wahrnahmen, als Sie noch im Mutterleib waren, ist gespeichert. Nichts geht je verloren. Sie können tatsächlich nichts vergessen.

Auch wenn ein Mensch dement ist, sind alle Daten noch vorhanden. Durch Veränderungen im Gehirn ist dem Kranken jedoch kein bewusster Zugang mehr zu bestimmten Bereichen möglich. So könnte man es sehr vereinfacht beschreiben.

Nehmen wir an, Sie führen gerade eine fließende Unterhaltung mit mehreren Personen. Wissen Sie immer schon genau, wenn Sie einen Satz beginnen, wie Sie ihn schließlich beenden werden?

Vermutlich nicht, denn dieser Vorgang ist insgesamt sehr komplex. An einem Gespräch ist nämlich immer Ihre ganze Persönlichkeit beteiligt, auch Ihr Unterbewusstsein.

Stellen Sie sich vor, sie benutzen Ihr Bewusstsein wie eine Taschenlampe und der Lichtkegel ist der aktive Bereich. Im Laufe Ihres Lebens beleuchten Sie immer wieder andere Bereiche, während die nicht mehr beleuchteten nun im Dunkeln liegen.
Durch Bewusstseins-Training können Sie Ihren 'Lichtkegel' erheblich vergrößern, Ihr Bewusstsein wird dadurch flexibler. So etwas führt im Denken und im Tun zu schnelleren Reaktionszeiten. Ihre Erinnerungen sind leichter zugänglich, Sie empfinden mehr Aktivität und Freude und Ihr Alltag ist bunter.

Wenn ein Mensch sehr krank oder psychisch belastet ist, ist sein aktiver Bewusstseinsbereich sehr klein, ihn interessiert dann kaum noch etwas. Wenn ein Mensch dagegen gesund und glücklich ist, ist sein aktiver Bewusstseinsbereich sehr viel freier und weiter. Ihn interessieren dann viele Dinge, er ist aktiv und hilfsbereit.

Und noch etwas zum Bewusstsein: Wir können es nur benutzen, wenn wir wach sind. Wenn wir schlafen, ist es ganz woanders aktiv. Denn Bewusstsein an sich ist immer wach. Nur unser physischer Körper benötigt Schlaf für seine Erholung, z.B. um Zellgifte wieder auszuscheiden usw.

Wir Menschen haben uns seit langer Zeit angewöhnt, uns nur mit dem zu befassen, was wir sehen und anfassen können, und darüber haben wir unsere inneren Anteile fast vergessen. In der Frühgeschichte der Menschen war das anders. Die alten Erzählungen der Aborigines von der Traumzeit und die Verbundenheit vieler Naturvölker mit der Erde erinnern noch daran.
Oft merken wir erst, wenn wir Probleme haben, dass uns unsere eigene Psyche relativ fremd ist. Ein sehr guter Grund, um unsere bewussten und unbewussten Gedanken und Gefühle endlich kennen zu lernen. Erst *zusammen* ergeben sie unsere ganze Persönlichkeit. Warum sollten wir uns also nur mit einer Hälfte zufrieden geben? Schauen wir doch mal, was wir da entdecken können.

Ihr Unterbewusstsein reicht sehr viel weiter, als Sie sich das jetzt vielleicht vorstellen. Es beginnt mit Ihrem persönlichen Unterbewusstsein und dehnt sich quasi nach innen aus bis hin zu Ihrer geistigen Quelle. Mit Ihrer Seele sind Sie stets durch innere Anteile verbunden. Sie ist die Quelle Ihrer Absicht, hier zu sein.

Sinngemäß nach dem Seth-Buch *"Die frühen Sitzungen, Band 3, S. 13-20"* werde ich das Unterbewusstsein jetzt in Schichten einteilen. Diese klar begrenzte Einteilung existiert natürlich nicht wirklich, sie dient nur einem besseren Verständnis.

Vom Ego aus in der am leichtesten zugänglichen Schicht sind Ihre Wünsche und Bedürfnisse und all die Belastungen des Egos, von denen wir bereits sprachen, anzutreffen, neben all den Dingen, die Ihnen aus dem Bewusstsein herausgerutscht sind. Darunter können schwerere Ängste und Traumata liegen, die zumeist eine abschirmende Wirkung haben. Sodass erst nach ihrer Auflösung ein tieferer Einblick möglich wird.

Hier können tatsächlich Wunder geschehen, sobald schwere Ängste aufgelöst sind, z.B. durch Bewusstseinsreisen. Menschen mit entsprechendem Hintergrund sprechen in solchen Fällen von Erleuchtung. Andere fühlen sich von einer Last befreit und freuen sich über den großartigen Erfolg. Sie können ein in vieler Hinsicht neues Leben beginnen. Denn unter diesen Bereichen liegen oft günstige, konstruktive Fähigkeiten des Menschen vergraben und Entwicklungsmöglichkeiten, die bisher ungenutzt geblieben sind.

In weiteren Schichten sind die Erinnerungen all Ihrer Inkarnationen zu finden. Das persönliche Wissen über authentische Erfahrungen Ihrer seelischen Geschwister aus verschiedenen Zeiten und in sehr unterschiedlichen Rollen stellt einen Meilenstein in der Entwicklung des menschlichen Bewusstseins dar. Es führt zu mehr Verständnis der eigenen Persönlichkeit und allgemein zu mehr Toleranz.

Und es geht noch weiter: Stellen Sie sich vor, Sie können in Ihrem Bewusstsein Schichten erreichen, wo es keine materiellen Erfahrungen mehr gibt, und dort Eindrücke von der 'Wirklichkeit hinter der Materie' bekommen.

Und auch dies ist noch nicht alles: Sie können die allerersten Menschen finden. Und falls Sie dann in Ihrem Bewusstsein noch weiter forschen, bekommen Sie vielleicht eine Art Verständnis davon, wie die Wirklichkeit der Materie aussah *vor* der physischen Entwicklung des Menschen.

Unser menschliches Bewusstsein ist einfach fantastisch. Sie können es, wie bereits erwähnt, als Taschenlampe benutzen und die unsichtbaren Tiefen Ihrer geistigen Bereiche damit beleuchten, um Ihrem bewussten Verstand Informationen zu beschaffen, die Ihnen rein körperlich niemals zugänglich wären. Umgekehrt lernt Ihr Bewusstsein aus Ihrer körperlichen Erfahrung unendlich viel von all den greifbaren Dingen, die rein geistig gar nicht erfahrbar wären. Wir Menschen leben bewusst in zwei Welten, sowohl in der geistigen als auch in der materiellen. Für die weitere Entwicklung unseres Bewusstseins ist das Leben als Mensch eine außerordentlich wertvolle Erfahrung.

Im Gegensatz zu unserem Körper ist unsere Seele nicht sichtbar. Bisher hat jedenfalls noch niemand den Sitz der Seele in unserem Körper entdecken können, und dennoch ist sie die Quelle unserer Lebensenergie. Sie ist nicht objektiv nachweisbar, doch jeder kann subjektive Erfahrungen machen, die nur den Schluss zulassen, dass wir im Inneren von großer Liebe und Weisheit getragen werden.

Vielleicht haben Sie manchmal auch Intuitionen, Ideen oder stark beeindruckende Träume, die einfach da sind. Solche Informationen sind oft sehr hilfreich, auch wenn Sie sie nicht immer verstehen. Ihre Seele spricht dann direkt zu Ihnen, ohne den Weg durch Ihr analytisches Denken zu nehmen.

All diese Aspekte unserer Psyche mögen zwar unsichtbar und nicht greifbar sein, und doch spüren wir ihre Auswirkungen in unserem ganzen Dasein, in unserem Körper und in allem, was wir tun oder nicht tun. Gedanken sind wie der Wind, den wir alle spüren können. Auch der Wind selbst ist unsichtbar, aber seine Auswirkungen vom leichten Sommerwind bis zum Hurrikan drücken sich deutlich in unserer äußeren Wirklichkeit aus.

Unser psychologisches Klima zeigt sich in unserem Leben wie in einem Spiegel. Das Leben ist also ein Feedback-System. Ob wir Angst haben oder keine, lässt unser Leben anders verlaufen. Ob wir ermutigt oder eher unterdrückt werden, ebenfalls. Durch Körperhaltung und Mimik zeigen wir äußerlich an, ob wir gerade Ärger haben oder sehr gut drauf sind. Wir sehen immer außen, was innen los ist.

Wir können also getrost davon ausgehen, dass wir alles, was uns geschieht, irgendwie vorher gefühlt oder gedacht haben. Unser Denken wird in die äußere Wirklichkeit übertragen und zeigt sich dort immer so individuell, wie wir selbst sind.

Wenn Anita zum Beispiel Angst im Dunkeln hat, geht sie nur noch tagsüber spazieren. Wenn Bernd Angst im Dunkeln hat, macht er eine Ausbildung in Selbstverteidigung oder geht solange nachts spazieren, bis er keine Angst mehr hat. Liesbeth dagegen würde wieder etwas ganz anderes tun. Wir alle handeln stets nach dem Inhalt unserer eigenen Psyche.

Ich gehe noch einen Schritt weiter, indem ich sage, *ich erschaffe* mit meinen bewussten und unbewussten Gedanken und Gefühlen *meine eigene Wirklichkeit*. Damit setze ich eine sehr enge und kontinuierliche Zusammenarbeit von Geist und Körper voraus. Diese wollen wir uns im Folgenden näher betrachten.

Die Zusammenarbeit von Geist und Körper

Unser Leben scheint geordnete Magie zu sein, denn die meisten Vorgänge in Psyche und Körper geschehen tatsächlich ohne unser bewusstes Eingreifen. Das natürliche Leben geschieht einfach automatisch und scheint dennoch bestimmten Regeln zu folgen. Wir werden sehen, wie wir diese Regeln für unsere Gesundheit nutzen können.

Jede einzelne unserer etwa 100 Billionen Zellen verfügt durch ihre Erbinformationen über sehr großes *Wissen*. Und deshalb weiß sie auch, dass nur eine liebevolle Zusammenarbeit aller Teile einen gesunden, lebendigen Körper ergibt. *Zusammenarbeit* ist damit ein Grundprinzip unserer Existenz. Dies gilt nicht nur für die Zellen und Organe im menschlichen Körper, sondern auch für die Menschen allgemein. Menschen mit einem gemeinsamen Ziel können wesentlich mehr erreichen, als Menschen, die sich gegenseitig bekämpfen.

Wenn wir achtsam sind, unsere eigenen Bedürfnisse erkennen und diese erfüllen, dann arbeiten wir mit unserem Körper zusammen. Kleine Kinder tun dies zumeist noch ganz spontan. Erwachsene müssen es oftmals erst wieder lernen. Häufig haben sie sich aufgrund ihrer Arbeit oder ihrer Kultur eine Lebensweise angewöhnt, die den Bedürfnissen ihres Körpers und ihrer Psyche nicht entspricht. Dann sind Veränderungen erforderlich.

Die Zusammenarbeit all unserer Körperzellen und Organe ist nur durch ihre blitzschnelle *Kommunikation* möglich. Im Falle eines Unfalls ergreift unser Körper sofort von sich aus die richtigen lebensrettenden Maßnahmen. Er unterbricht die Schmerzübertragung, stellt den Kreislauf um, stoppt die Blutung und schickt Reparaturteams zum Unfallort. Wenn Sie sich einmal versehentlich in den Finger geschnitten oder heftig gestoßen haben, können Sie die Aufregung in Ihrem Körper deutlich spüren.

Alles in unserer Welt spricht telepathisch miteinander. Wenn Sie jemanden nicht mögen, spürt die Person das und reagiert darauf, obwohl das vom Verstand her vielleicht gar nicht bemerkt wird. Wir Menschen hätten große gesundheitliche Vorteile davon, wenn wir frei und offen miteinander reden würden, wie Kinder es tun. Sich hinter einer Maske zu verbergen, kostet nämlich sehr viel Energie.

Unser Körper strebt normalerweise von sich aus mit Wissen, Zusammenarbeit und Kommunikation immer in Richtung seines Masterplans und das bedeutet in der Regel Gesundheit. Dies ist der Grund für die fantastische Regenerationsfähigkeit des menschlichen Körpers.

Unsere Heilkraft ist auf natürliche Weise in unsere Zellen einprogrammiert. Wenn das nicht so wäre, könnten sich keine Wunden schließen und unsere Zellen könnten sich nicht erneuern. *Jeder von uns ist ein selbstheilendes System.*

Ohne Zusammenarbeit und Kommunikation zwischen unseren Zellen und Organen entsteht Krankheit. Wir können auch sagen, dass die Lebensenergie dann nicht mehr frei fließen kann. Wenn Eheleute oder Partner, Eltern und Kinder nicht mehr miteinander reden können und keine gemeinsame Basis haben, entstehen Beziehungsprobleme. Wenn Staaten nicht mehr miteinander reden, entsteht Krieg.

Nur durch freiwillige Zusammenarbeit können sich funktionierende Gemeinschaften und Kulturen entwickeln, nicht durch Sklaverei, Unterdrückung und Gehorsam.

Jetzt möchte ich Ihnen noch zwei ganz besondere Eigenschaften unserer Gedanken und unseres Körpers vorstellen, wodurch ihre automatische Zusammenarbeit verständlich wird. An der Schnittstelle zwischen Geist und Körper liegt der goldene Schlüssel für Gesundheit und Wohlbefinden. Es liegt an Ihnen, ihn zu benutzen.

Hier sinngemäß nach dem Seth-Buch *"Die Natur der persönlichen Realität, Seite 112-156"*: Unsere Gedanken haben eine innere Tonqualität. Genauso wie die äußeren Töne, mit denen wir sprechen, sind die von unseren Gedanken erzeugten *inneren Töne* ein Kommunikationsmittel. Man könnte sagen, durch sie reden wir mit unserem Körper. Mit unseren Gedanken und Gefühlen erteilen wir unseren Zellen und Organen ständig Anweisungen.

Der Ton, der dabei auf den Körper wirkt, wird von der *Absicht* geformt, die unsere Gedanken haben. Wenn wir z.B. denken: 'Ich bin müde' oder 'Ich kann das nicht', dann schicken wir uns innerlich Botschaften, die ganz automatisch auf unseren Körper wirken und sich darin physisch ausdrücken.

Auf diese Weise entstehen aus nicht greifbarem Denken physische Zellreaktionen. Mentale und emotionale Energie wandelt sich in materielle Aktivitäten um. Im Abschnitt 'Unsere Zellen' wird der naturwissenschaftliche Hintergrund dafür beschrieben. Dies macht z.B. den Erfolg beim Autogenen Training und beim Positiven Denken möglich - und dasselbe geschieht natürlich auch bei allem anderen, was wir täglich denken und empfinden.

Welche Anweisungen geben Sie Ihrem Körper z.B. bei Ängsten, Selbstwertproblemen oder BurnOut? - Und welche geben Sie, wenn Sie glücklich sind?

Und das ist noch nicht alles. Unbewusst und automatisch übertragen wir unsere Gedanken und Emotionen in eine physische Form. Wir formen dabei nicht nur unseren Körper, sondern sogar Dinge und Ereignisse, die wir dann erleben. Ganz bestimmte Teile unseres *Nervensystems* spielen bei dieser Umwandlung von psychischen Vorstellungen in materielle Ereignisse eine große Rolle. Sie empfangen unsere mentalen Impulse und lenken sie von uns aus nach außen, um *dort* Ereignisse zu bilden.

Auf diese Weise erschaffen wir tatsächlich unsere eigene Wirklichkeit, denn unsere Gedanken und Gefühle werden durch diese automatischen Prozesse in unserem Leben erfahrbar. Alles, was wir erleben, ist so entstanden und entsteht so. Die Zusammenarbeit von Psyche und Körper bildet in uns die Schnittstelle zwischen Geist und Körper, zwischen Energie und Materie.

Falls Sie sich vorstellen können, was unsere Physiker damit meinen, wenn sie sagen, dass alles Materielle – wirklich alles in unserer Welt - aus Energie besteht, dann können Sie vielleicht auch nachvollziehen, wie sich die mentale Energie Ihrer Gedanken in materielles Geschehen umwandelt, das mit Ihnen zu tun hat.

Die Membranen Ihrer Zellen nehmen kontinuierlich die Absicht Ihrer Gedanken und Gefühle wahr, denn Telepathie ist eine angeborene, natürliche Fähigkeit. Daraus ergeben sich Zellaktivitäten im Körper bis hin zu Genveränderungen, *und* Sie initiieren damit über bestimmte Funktionen in den Nerven sogar Ereignisse, die körperlich von Ihnen getrennt sind. Dann reagieren Sie darauf, ohne zu ahnen, dass Sie selbst ihre Ursache sind.

Sie fühlen sich nicht schlecht, weil Sie krank sind, sondern es ist genau umgekehrt. Ihre körperliche Gesundheit und Ihr Wohlergehen ist das *Ergebnis* Ihrer psychischen Befindlichkeit, nicht die Ursache.
Bevor sich eine Krankheit zeigt, ein Unfall oder ein anderes Unglück ereignet, waren viele darauf hinweisende Gedanken und Gefühle in uns vorhanden. Wir ignorieren sie normalerweise und nehmen sie nicht wichtig. Erst wenn ein Mangel offenbar wird, kümmern wir uns darum. Eine Krankheit führt deshalb oft zu neuen Überlegungen, alte Gedanken werden fallengelassen und neue Wege können beschritten werden.

Wir können daraus für uns ableiten, dass förderliche, aufbauende Gedanken und Empfindungen unsere Lebensenergie frei durch unseren Körper und durch unser Leben fließen lassen, während durch Unterdrückung von Gefühlen, durch Hemmungen, Sorgen und Ängste offenbar Energie-Blockaden in unserem System entstehen.

Fühlen Sie selbst, wo Sie sich in negativen Ansichten verheddern, weil es ja angeblich schon immer so war. Seien Sie ehrlich mit sich selbst. Oft entstehen Gefühle, die Sie jetzt haben, durch Gedanken, die Sie vor vielen Jahren von jemand anders gehört haben. Ändern Sie sie, dann verändern sich Ihre Gefühle.

Es gab Kulturen, in denen die Menschen in der Lage waren, mit ihrem Körper bewusst zu 'sprechen', um ihn gesund zu erhalten. Sie hatten gelernt, seine Bedürfnisse zu respektieren und ihren Verstand von Ängsten freizuhalten. Es wäre wundervoll, diese Fähigkeit wieder zu aktivieren und anzuwenden.

Wir können damit beginnen, uns mit Liebe und Vertrauen um unsere Gesundheit und das Gelingen unserer Vorhaben zu kümmern, indem wir mit ganzem Herzen dabei sind.

Die Macht unseres Denkens ist der goldene Schlüssel für unsere Gesundheit. *So steuern wir unser Immunsystem.* Wir selbst müssen aber den Schlüssel ins Schloss stecken und ihn in die richtige Richtung drehen, denn sowohl Gesundheit als auch Krankheit und Probleme entstehen durch denselben Mechanismus. Die Absicht unserer Gedanken und Gefühle zählt.

In unserem Leben kommen natürlich *alle Gedanken* zur Geltung, nicht nur die für uns günstigen. Und es sind alle bewussten und unbewussten aus unserem ganzen Leben. Letztlich spüren wir die Ergebnisse unseres Denkens in unserem Körper. Ein kranker Körper zeigt diesen Automatismus auf seine Weise ebenso gut wie ein gesunder.
- Aber wir selbst können unsere Lebensziele besser mit einem gesunden Körper erreichen und haben mehr Freude dabei. Also achten wir doch künftig einfach besser auf unser Denken.

Die innere Absicht Ihrer Gedanken, die sich in all Ihren Erfahrungen zeigt, macht Ehrlichkeit und eine *Klarheit der Gedanken* notwendig, die vielen Menschen aus Gewohnheit fehlt. Antworten Sie auf die Frage "Wie geht es Ihnen?" nicht mit "Gut", wenn es Ihnen im Augenblick nicht gut geht. Sie mögen viele Gründe dafür haben, aber Fakt bleibt: Sie belügen sich selbst und Ihre Zellen richten sich danach.

Und ein weiterer Punkt: Jeder sollte entschieden Stellung beziehen können. Wir können nicht etwas tun, was wir von Herzen ablehnen. Wir können nicht etwas gut nennen, was uns zuwider ist. Viele Menschen hängen fest in einem "Halbzustand", weil sie für sich keine *Entscheidung* treffen, nach der sie handeln. Sie werden von widersprüchlichen Glaubenssätzen in diesem Zustand festgehalten, oftmals viele Jahre lang. Das kann sich so anfühlen, als ob eine physikalische Kraft sie einmal in die eine Richtung zieht und dann wieder in die andere.

So kann kein Glück und keine Freude empfunden werden. Alles ist anstrengend und enorm energieraubend. Glücklich sind Sie dann, wenn Sie mit sich selbst im Reinen sind und Ihren Alltag lieben, mit all seinen guten und weniger guten Momenten.

Schauen Sie sich diese Beispiele aus dem Leben an. So dürfen wir einfach nicht mit uns umgehen:
Was genau ist die Absicht der Gedanken, wenn jemand sagt: "Ja, ich weiß, es könnte mir viel besser gehen, aber ich komme ja eigentlich ganz gut zurecht so."
Wie sollen sich die Zellen und Organe da verhalten?

Ein Mann will eigentlich schon seit Jahren die Firma wechseln, weil der Arbeitsdruck immer stärker und das Betriebsklima immer schlechter wird ...

Eine Ehefrau will eigentlich die Scheidung, weil ihr Mann schon seit Jahren fremd geht und sie gar keine gemeinsamen Interessen mehr haben ...

Was soll geschehen, wenn sich niemand getraut, zu den eigenen Bedürfnissen zu stehen?

Übung 4: "Hier können Sie Ihre innere emotionale Einstellung und Ihr Gefühl für Erfolg in praktischen Situationen üben:
Mit welchem Gefühl, welcher Absicht finden Sie einen Parkplatz? Wie gehen Sie in eine Prüfung? Wie gehen Sie zu einem Vorstellungsgespräch? Wie bestellen Sie etwas im Internet? usw.

Spielen Sie mit Ihren Gedanken und Gefühlen. Nehmen Sie Situationen aus Ihrem Leben, die Sie vielleicht optimieren wollen. Denken Sie an Ereignisse, die überraschend gut liefen oder auch überraschend schlecht. Machen Sie sich einfach Ihr Denken bewusster und lernen Sie das 'So-passiert-es-Gefühl' kennen. Sie können es spüren, kurz bevor alles nach Wunsch verläuft."

Jetzt, da Sie wissen, dass Ihre Gedanken und Gefühle sich nicht nur in Ihrer Psyche, sondern auch in Ihrem Körper und in Ihren Lebensumständen ausdrücken, können Sie bewusst Veränderungen vornehmen. Neue, andere Gedanken und Gefühle verändern die Informationen in Ihren Zellen und damit können krankmachende Energien und Blockaden wieder aufgelöst werden.

Zusammengefasst: Belastungen des Egos *prägen* mentale und emotionale Energie, wenn sie nicht abgelöst werden. Diese negativ geprägten Energien bilden Blockaden im menschlichen Energiesystem und können sich im Körper, in der Psyche oder in den Erfahrungen des Menschen als Problem oder Krankheit ausdrücken. Solche destruktiven Energiemuster haben immer die Eigenschaft zu wachsen, und zwar solange, bis sie wieder aufgelöst werden.

Eine Krankheit oder ein Problem ist die natürliche Art, uns darauf aufmerksam zu machen, dass wir einen Fehler gemacht haben, den wir korrigieren können.

Dadurch werden wir gezwungen, uns mit unserem Denken auseinander zu setzen, um das Problem zu beseitigen. – Und genau das sollten wir auch tun, denn wir *haben* die Fähigkeit dazu. Heilung geschieht durch Verstehen, wobei das Verstehen nicht immer bewusst sein muss, denn Heilung passiert schließlich auch im Schlaf.

Negativ geprägte Energie ist wie ein Fremdkörper in der Psyche, sie bindet Teile Ihrer Lebensenergie und zeigt sich Ihnen immer deutlicher, damit Sie sie bemerken und auflösen können. Wenn Sie sich nicht darum kümmern oder sich an gewisse Einschränkungen einfach gewöhnen, dann wächst diese Energie. Es ist dann nicht "das Alter", das Sie schwächt, sondern diese Energien. Sie können jetzt vielleicht auch besser verstehen, warum oft gerade ältere Menschen krank sind. Sie haben einfach schon mehr angesammelt und blockieren damit ihre eigene Lebensenergie.

Im Prinzip ist es immer derselbe Ablauf: Wenn negativ geprägte Energie da ist, bemerken Sie dies durch negative Gedanken, Gefühle und Erfahrungen im persönlichen Leben. Verstehen und verändern sie die damit verbundenen Dinge und Gedanken, dann beginnt die Heilung.

Übung 5: "Setzen Sie sich bequem hin und schließen Sie bitte die Augen.
Denken Sie jetzt ganz spontan an den glücklichsten Moment in Ihrem Leben. Gehen Sie in Gedanken dahin zurück und stellen Sie sich diesen Augenblick so intensiv vor, als ob Sie ihn gerade wieder erleben würden. Versuchen Sie, so deutlich wie möglich diesen Moment zu fühlen. Spüren Sie, wie sich Ihr Glück in Ihrem Körper anfühlt.

Dann lenken Sie dieses Glücksgefühl dahin, wo Sie sich gerade nicht so gut fühlen, und bitten um Heilung in diesem Bereich. Falls Sie Kopfschmerzen haben oder Ihr Knie zwickt, können Sie sich damit sehr gut Linderung verschaffen."

Jeder von uns ist mit einer Lebenskunst befasst. Wir alle sind Teile der Energie des Seins, die durch uns körperlich erfahren wird, gemeinsam mit vielen anderen. Auch in unseren Gesellschaften und in einer globalisierten Welt wirken dieselben Mechanismen wie in uns selbst zwischen Geist und Körper. Wir sitzen sozusagen alle im selben Boot. Und das lässt nur einen Schluss zu: Entweder wir kommen miteinander aus oder wir gehen gemeinsam unter.

Eine Welt ohne Krankheiten wäre auch eine Welt ohne Kriege, denn Krankheit ist Krieg im Körper. In einem Klima von Angst, Krankheit und Hunger kann keine spirituelle Entwicklung stattfinden, da nur das Überleben zählt. Genau solche Situationen können wir in unserer Welt verändern.

Fangen Sie voller Freude und Zuversicht bei sich selbst an, denn das ist der Bereich, in dem Sie üben können, kleine oder auch größere Wunder zu vollbringen. Wenn Sie für sich selbst mehr Gesundheit erreicht haben, dann ist auch die Welt insgesamt schon ein wenig gesünder geworden.

Wie aus Noten viele unterschiedliche Melodien entstehen können, so entsteht aus unseren Zellen unser Körper. Ein Musiker drückt seine Gedanken und Gefühle mit Noten aus, dadurch entstehen unterschiedliche Melodien. Und eben dies tun wir mit unseren Zellen. Durch andere Gedanken und Gefühle verändern wir unseren Körper und unsere persönlichen Erfahrungen.

Gesundheit verstehen

Wir Menschen haben offenbar die Gabe, mit unseren Gedanken und Gefühlen tatsächlich unsere eigene Wirklichkeit in Bezug auf unsere Gesundheit und unsere persönlichen Lebenserfahrungen zu erschaffen. Wir tun dies zumeist unbewusst und automatisch, jedoch besitzen wir alle Voraussetzungen, dies auch bewusst zu tun.
In unserem Gehirn sind Bereiche vorhanden, die durch unser Verlangen nach Verstehen aktiviert werden können. Auf diese Weise hat sich auch die Denkstruktur des Höhlenmenschen im Laufe der Zeit bis heute verändert - und sie wird sich auch noch weiter verändern.

Zu jeder Zeit werden die Synapsen im Gehirn so geschaltet, wie es nötig ist, denn das Gehirn bildet sich ja aus, während der kleine Mensch heranwächst. Es hätte dem Menschen der Steinzeit nichts genützt zu wissen, wie ein Handy funktioniert. Und uns nützt es wenig zu wissen, wie wir am elegantesten ein Mammut erlegen.

Ich ergänze hier sinngemäß nach dem Seth-Buch *"Die Frühen Sitzungen, Band 9, Seite 295-300"*: Unser Gehirn ist fähig, viel mehr innere Informationen zu übermitteln und zu interpretieren, als es das jetzt tut. Große, bis jetzt ungenutzte Teile des Gehirns liegen für diese Entwicklungen bereit. Bei etlichen Menschen hat diese Entwicklung schon weitgehend stattgefunden.

Ihre eigenen Vorstellungen über die Wirklichkeit und über das, was Sie für möglich halten, bestimmen die Art Ihrer Wahrnehmungen. Sie selbst bestimmen also größtenteils, ob Ihr Gehirn überhaupt besondere Informationen interpretieren kann oder nicht.

Einige innere Informationen können vom Gehirn vielleicht jetzt noch nicht übersetzt werden, aber wenn das Bewusstsein sich entwickelt, wird sich auch die physische Struktur des Gehirns verändern. Bei Meditierenden wurde dies bereits nachgewiesen. Unser System enthält immer latente Wahrscheinlichkeiten, die bei Bedarf aktiviert werden. Unser Ego-Bewusstsein dehnt sich aus und lernt, die neuen Informationen zu akzeptieren und anzuwenden, um davon im Leben zu profitieren.

Niemand zwingt uns, unser Bewusstsein zu erweitern, wir werden auch nicht automatisch klug und weise, vor allem nicht durch eine Pille. Wir müssen in uns selbst das Verlangen nach Wissen spüren und diesem Verlangen nachgehen. Wozu wir Lust haben, was wir lernen möchten, das sollten wir tun.

Theorie allein reicht in unserem Leben nicht, denn wir erfahren unser Leben durch TUN. Wir können z.B. viel über das Küssen lesen, aber wir müssen es tun, um zu wissen, wie das ist. Wissen kann oft nur direkt erfahren werden und ist ein natürliches Grundbedürfnis des Menschen. So wurden und werden immer wieder neue Wege beschritten. Und das nennen wir Entwicklung.

Beginnen Sie, sich selbst kennen zu lernen. Sie wissen ja noch nicht, wie spannend das sein kann. Denken Sie daran, Sie sind einzigartig, ein kostbares Unikat, diese Einstellung macht Sie stark. Wo immer Sie jetzt gerade stehen, da können Sie losgehen und jeder Moment enthält alle Freiheit und alle Möglichkeiten für Veränderungen.

Stellen Sie sich zu Beginn einfach Fragen und schreiben Sie in Stichworten Ihre Antworten auf. Zum Beispiel: Was halten Sie von sich selbst? Was halten Sie von Ihrem Körper? Was halten Sie von Ihrem normalen Tagesablauf? Was halten Sie von Ihrer Beziehung zu anderen Menschen? usw.
Verschaffen Sie sich so eine gewisse Übersicht über Ihr Leben und darüber, wie Sie funktionieren. Je besser Sie sich kennen, desto mehr wächst Ihre eigene Kompetenz in Sachen Gesundheit. Was Sie verstehen, können Sie besser handhaben. Nur solange Sie im Ungewissen sind, sind Sie unsicher.

Krankheit ist keine fremde Macht, die Sie angreift, sondern sie kann sich in Ihnen entwickeln, wie ich das beschrieben habe. Wenn Sie dauerhafte oder wiederkehrende Symptome haben, dann ist Ihr Energiefluss blockiert. Schauen Sie, ob Ihre persönliche Entwicklung durch irgendetwas behindert wurde oder wird. Vielleicht haben Sie auch das Gefühl, Sie werden irgendwie ausgebremst.
Oft ist Krankheit das Ergebnis davon, dass Ihrer Meinung nach etwas nicht machbar ist, obwohl es dringend nötig wäre: z.B. eine Veränderung oder eine wichtige Entscheidung. Wenn Sie das Hindernis erkennen und beseitigen können, werden die Symptome verschwinden. Sie sind ein selbstheilendes System. Wollen Sie wirklich gesund sein, dann nehmen Sie nicht alles hin, wie es kommt, sondern werfen Sie alles aus Ihrem Leben hinaus, was Ihnen schadet. Werden Sie aktiv! Es geht im Leben immer um Liebe und Vertrauen, vor allem zu sich selbst.

Übung 6: "Finden Sie jetzt spontan ein Beispiel für etwas, was Sie schon seit einiger Zeit ändern wollen? Es muss nichts Großes sein. - Merken Sie sich dieses Beispiel und tun Sie es jetzt oder wenigstens ganz bald."

Sie denken und fühlen ständig, also *nutzen Sie die Kraft Ihrer Gedanken und Gefühle* für Ihre Gesundheit. Was Ihnen früher einmal genützt hat, könnte Ihnen heute vielleicht schaden. Erkennen und verändern Sie krankmachende Gewohnheiten, die sich in Ihr Leben eingeschlichen haben. Reduzieren Sie die 'Belastungen des Egos'. Die Umklammerung von Sorgen und Ängsten kann wie ein Korsett sein. Befreien Sie sich davon. Erschaffen Sie sich statt dessen neue, gute Gewohnheiten.

Versuchen Sie nicht, andere zu ändern, sondern nur sich selbst. Denn Sie wollen ja die Quelle verändern und nicht das Symptom. Sie allein wissen, ob Sie sich wohlfühlen, ob Sie Dinge oder Personen mögen oder ablehnen, ob etwas falsch läuft in Ihrem Leben. Hinterfragen Sie alles, was Ihnen schlechte Gefühle bereitet. Sie können jede Ihrer Gewohnheiten ändern. Sie haben die Fähigkeit und die Kraft dazu.

Übung 7: "Gibt es etwas in Ihrem Leben, das Sie sich schon lange wünschen? Dann versuchen Sie es einfach mal mit Visualisieren. Stellen Sie sich Ihren Wunsch dreimal täglich wie ein inneres Bild möglichst lebhaft und deutlich vor, so, wie es optimalerweise sein soll. Geben Sie auch Ihr ganzes Gefühl mit in dieses Bild. Sie brauchen sich nicht den Weg dahin vorzustellen, sondern nur das Endergebnis. Zum Schluss erlauben Sie diesem Bild ganz intensiv, Ihre Wirklichkeit zu sein.
Visualisieren ist sehr machtvoll, es hilft dabei, dass gewünschte Dinge real werden. Führen Sie die Übung drei Tage hintereinander intensiv durch, und dann denken Sie nicht mehr daran."

In einigen Kliniken in Deutschland wird neuerdings vor und nach schweren Operationen das Visualisieren eines optimalen Verlaufs mit den Patienten geübt. Man hat festgestellt, dass die Heilung dadurch schneller und leichter erfolgt.

Spontanheilungen entstehen sehr oft, wenn der Mensch sein Leben grundlegend verändert. Dann, wenn er scheinbar nichts mehr zu verlieren hat, traut er sich endlich, sich dem Leben hinzugeben und Dinge zu tun, die er schon immer tun wollte, statt sich der Krankheit hinzugeben.

Sie sind der Boss in Ihrem Leben. Sie allein haben für sich die Verantwortung, niemand anders. Nur Sie können die Dinge in Ihrem Leben verändern. Spüren Sie, wie jeder persönliche Erfolg Ihnen zusätzliche Lebenskraft bringt und mehr innere Sicherheit. Das erhöht Ihr Selbstwertgefühl und wirkt wie ein Gesundbrunnen.

Schauen *Sie sich Ihre täglichen bewussten Gedanken an.*
Zukunftsängste und Gedanken an schlechte Erfahrungen in der Vergangenheit wirken jetzt auf Ihren Körper. Deshalb befreien Sie sich bewusst von allen Gedanken, die Sie herunterziehen. Wesentlich gesünder ist es, an Lösungsmöglichkeiten zu denken und aktiv zu werden, als besorgt zu sein.
Wir sollen aus der Vergangenheit lernen und nicht darin stecken bleiben. Auch aus dem Leid und den Ungerechtigkeiten in der Welt sollen wir lernen und nicht darin stecken bleiben, sonst ist die Freiheit unseres Denkens ernsthaft bedroht.

Übung 8: "Wenn alles einmal zuviel ist für Sie, setzen Sie sich an einen ruhigen Platz und fragen sich, was Sie tatsächlich jetzt in diesem Moment an diesem Platz bedroht. Und wenn nichts da ist, freuen Sie sich darüber, dass Sie in Sicherheit sind. Atmen Sie ein paar Mal tief ein und aus. Und dann entscheiden Sie sich ganz bewusst, auch Ihre Zukunft ohne Angst zu erschaffen. Versprechen Sie sich selbst, alles zu tun, was Ihnen möglich ist, und bitten Sie Ihr inneres Selbst, Ihre Seele, Sie dabei zu unterstützen."

Ihre Seele ist ein sehr verlässlicher Partner, sie greift jedoch niemals von sich aus in Ihr Leben ein, denn Sie haben ja einen eigenen Verstand und einen freien Willen. Und der kann nur frei sein, wenn niemand ihn korrigiert. Wenn Sie Ihre Seele aber um Hilfe bitten, öffnen Sie die mentalen Wege und sie ist sofort zur Stelle.

Wir *Menschen benötigen ein starkes und flexibles Ich* mit einem wachen Verstand, um unser Leben frei und gesund zu meistern. Wenn wir Angst haben, sind wir nicht frei. Angst, eine Hemmung oder ein Schuldgefühl wird uns immer Energie rauben, die uns für konstruktive Dinge dann nicht mehr zur Verfügung steht.

Alle Probleme sind lösbar, und oft können wir daraus lernen. Also packen wir es an. Das ist auch die beste Garantie für Gesundheit. Wenn wir psychisch schwach und ängstlich sind, können Krankheiten in uns entstehen. Bei ausgeglichener Psyche sind wir dagegen immun, denn unsere Heilkraft ist ja auf natürliche Weise in jeder Zelle enthalten. Ein gutes Beispiel hierfür sind Verliebte. Sie können stundenlang im Regen stehen, ohne gesundheitlichen Schaden zu nehmen.

Die Macht von Freude sollten Sie möglichst täglich genießen. Sinngemäß nach dem Seth-Buch *"Die frühen Sitzungen, Band 4, Seite 17-23"*: Freude gibt Kraft und Energie, Sie werden psychisch beweglicher, weniger ängstlich und weniger nachtragend. Freude öffnet die Kommunikationswege zu Ihrem inneren Selbst. Ein Mensch, der sich freuen kann, kann die Welt verändern.
Halten Sie in Ihrer Umgebung nach Menschen Ausschau, die Freude verbreiten. Und betrachten Sie doch einmal sich selbst und die Menschen aus Ihrem Bekanntenkreis unter diesem Aspekt.

Der spontane Ausdruck Ihrer Gefühle bringt Ihnen größere Freiheit und verbessert Ihre psychische und körperliche Gesundheit. Aggressive Gefühle und zerstörerische Gedanken sollten aber immer gründlich hinterfragt und aufgelöst werden, bevor sie Ihnen schaden. Sie sind nicht nur jetzt, sondern auch für Ihre Zukunft gefährlich. Gefühle sind Energie, sie müssen frei fließen können.

Wenn Sie davor Angst haben, scheinbar unangenehme Gefühle zu erleben, können Sie ein emotionales Ablehnungsmuster aufbauen, das nicht nur den Ausdruck dieses Gefühls, sondern auch die Wahrnehmung von Freude einschränkt. Denn wenn Sie *ein* Gefühl absperren, sperren Sie damit auch alle anderen ab.

Fragen Sie sich deshalb, wovor Sie Angst haben, was genau Ihnen daran unangenehm ist und warum. Schreiben Sie sich alles dazu auf. Tun Sie das solange, bis Sie es verstanden haben und das unangenehme Gefühl verschwunden ist. Ganz sicher wird es verschwinden, und Sie können wieder frei Ihre Gefühle ausdrücken.

Erteilen Sie sich die richtigen Suggestionen. Ständig hören Sie dieses und jenes in der Presse, im Fernsehen, im Freundeskreis. Vieles davon wird vielleicht bewusst oder unbewusst von Ihnen akzeptiert, obwohl es Ihnen negative Aussichten vermittelt. Mit Alter verbindet man in der Öffentlichkeit häufig Krankheit und Pflegebedürftigkeit; und wenn der Herbst kommt, ist auch die ganze Grippewerbung wieder da. Die vorsorgliche Beschreibung von Krankheiten auf großen Plakaten führt uns deutlich vor Augen, wie angreifbar und hilflos wir ohne die Hilfen der Pharmaindustrie wären. So wird psychische Ansteckung erreicht, und ein ängstlicher Mensch entwickelt Symptome.

Machen Sie sich frei von solchen negativen Einflüssen, denn die Angst vor etwas zieht genau das an, was Sie vermeiden wollen. Sagen Sie sich statt dessen hilfreiche Affirmationen, z.B.: Ich bin gesund und stark, ich vertraue mir und meinen inneren Anteilen.

Aktivieren und fokussieren Sie Ihre körperlichen Sinne, das regeneriert und erfrischt Geist und Körper, Ihr Denken wird klarer. Gehen Sie dazu regelmäßig in die Natur und genießen Sie sie ganz bewusst mit allen Sinnen: sehen, riechen, hören, schmecken und berühren. Umarmen Sie mal einen Baum und spüren Sie in ihn hinein. Manche erleben dabei spontan wunderbare Gefühle oder Bilder, andere spüren den Energiefluss im Baum. Sie können Ihrem Baum auch Fragen stellen und sogar eine Antwort in Form von Gedanken erhalten. Solche Erfahrungen bringen Sie wieder in Kontakt mit Ihren natürlichen Anteilen, und Sie erleben augenblicklich einen Energiezuwachs.

Die Natur ist so beschaffen, dass sie dem Menschen belastende Energie abnimmt und sie dann sogar erfrischt und erneuert wieder zurückgibt. Das funktioniert in der Art wie das Erneuern von Sauerstoff in der Luft. Wälder und große Gewässer haben darüber hinaus auch noch eine entspannende und inspirierende Wirkung.

Vielleicht haben Sie ja auch selbst schon erstaunliche Erlebnisse in der Natur gehabt. Bei BurnOut und Verlusten jeglicher Art empfehle ich allen die Natur als Sofortmaßnahme. Wenn Sie eine Stunde im Wald oder am Meer spazieren gehen und Ihre Sinne für die Wahrnehmung der Düfte und Geräusche öffnen, dann ist Ihr Kummer oder Ihre Depression kleiner geworden. Sie stecken nicht mehr mittendrin und können wieder besser nach vorne schauen.

Nur wenn unser Bewusstsein ganz bei der Sache ist oder anders ausgedrückt 'ganz hier' konzentriert ist, sind wir zu Höchstleistungen fähig. Ein Stabhochspringer wird beim Anlauf nur an seinen Sprung denken und nicht z.b. an eine schlechte Mathezensur.

Wir Menschen sind Fokuspersönlichkeiten, das heißt, wir erfahren unser Leben durch Konzentration auf etwas Bestimmtes und dabei schließen wir anderes natürlich aus. Je besser wir konzentriert sind, desto intensiver ist unsere Erfahrung. Mit einem optimal konzentrierten Bewusstsein können Trainierte mit der Hand Steine zerschlagen und sie sind in der Lage, Körper und Psyche zu heilen, Nahrung verträglich zu machen und Vieles mehr.

Hierin liegt das Geheimnis des Geistigen Heilens, das direkt auf die inneren Funktionen der Psyche und der Körperzellen wirkt. Sie sind für einen Moment vollständig fokussiert und übertragen mit mentaler Energie Ihre Botschaft auf den Empfänger, der sie dann annimmt oder auch nicht (= freier Wille). Von den Voraussetzungen her kann das jeder, aber – nicht jeder hat Lust dazu. Und leider glauben die meisten Menschen (noch) nicht an ihre eigenen Fähigkeiten.

Konzentration ist keine angeborene Eigenschaft des Menschen, sondern eine erlernte, persönliche Fähigkeit, das eigene Bewusstsein auf etwas Bestimmtes auszurichten. Diese Fähigkeit zu Fokussieren lässt sich mit Konzentrationstraining entwickeln und trainieren, ebenso wie Sie andere Fähigkeiten trainieren können, z.B. Fahrradfahren oder ein gutes Gedächtnis.

Sie lernen dabei, achtsam zu sein. Im Alltag lässt eine gute Konzentration Unsicherheiten verschwinden, fördert ein gutes Körperbewusstsein, macht aktiver und verbessert die Reaktionsgeschwindigkeit, was sich beim Autofahren und beim Lernen positiv bemerkbar macht.

*E*rleben Sie ihre Welt jeden Tag neu. Arbeiten Sie mit Spaß an der Sache, achten Sie auf die guten Aspekte Ihrer Tätigkeit. Suchen Sie sich kreative Herausforderungen; folgen Sie Ihren Intuitionen. Vielleicht machen Sie auch mit Freunden Waldspaziergänge oder Ausflüge ans Meer. Freuen Sie sich über alles, was Ihnen gelingt, und bestätigen Sie Ihre eigenen Fähigkeiten.

Heilkraft und Gesundheit sind immer in Ihnen. Sie können sie noch 100mal verstärken, wenn Sie sich bei jedem Problem, dass sich Ihnen stellt, immer *die bestmögliche Lösung* dafür vorstellen. Für die Entwicklung einer guten Vorstellung benötigen Sie dieselbe Menge Energie wie für die Entwicklung einer schlechten Vorstellung, aber das Ergebnis wird für Sie ganz anders sein.

Übung 9: "Sitzen Sie bitte bequem und schließen Sie die Augen. Falls Sie gerade ein noch ungelöstes Problem haben, welches auch immer, stellen Sie sich dieses Problem vor. Gehen Sie davon aus, wo ein Problem ist, ist auch eine Lösung.
Und jetzt stellen Sie sich die bestmögliche Lösung für Ihr Problem vor. Überlegen Sie *nicht*, wie und ob das machbar wäre, sondern denken Sie nur daran, was für Sie die bestmögliche Lösung wäre.
 Und wenn Sie eine klare Vorstellung von einer optimalen Lösung haben, dann sagen Sie sich: So soll es sein!

Machen Sie diese Übung an drei aufeinanderfolgenden Tagen, und dann denken Sie nicht mehr daran. Neue Ideen und Menschen werden auf Sie zukommen. Greifen Sie alles auf, was Ihnen bei der Lösung hilft."

*N*utzen Sie auch Ihr Unterbewusstsein für Ihre Gesundheit und sprechen Sie mal mit sich selbst. Das ist nicht verrückt, sondern sehr praktisch. In Ihnen ist alles anzutreffen, was Ihnen Probleme bereiten könnte, und negativ geprägte mentale und emotionale Energie will sich immer irgendwann ausdrücken.
Mit konstruktiven Selbstgesprächen können Sie diese Energien auflösen, schon bevor sich daraus Krankheiten entwickeln. Je leichter Sie mit Ihrem persönlichen Unterbewusstsein reden, umso mehr Energie haben Sie, Ihre Leistungsfähigkeit wächst und Sie erleben viel mehr Freude.

Nehmen Sie Rücksicht auf Ihr Unterbewusstsein, wenn es Ihnen etwas sagen will, denn physische Symptome, Krankheiten und Probleme entstehen dadurch, weil Sie nicht zuhören. Vielleicht kennen Sie ja auch dieses Gefühl, das manchmal da ist, wenn etwas schief gegangen ist, und Gedanken wie "ich wollte es ja eigentlich auch ganz anders tun, aber ..."

Als Bewusstsein, das sich selbst verstehen möchte, versuchen wir, sobald wir das Licht dieser Welt erblickt haben, herauszufinden, wie alles funktioniert. Wie Forscher versuchen wir zu ergründen, wie das Leben abläuft, nur unser eigenes Unterbewusstsein ignorieren wir oftmals. Dabei ist es eine wahre Fundgrube von Fähigkeiten und Entwicklungsmöglichkeiten, die wir in unserem Leben für alles gebrauchen können.

Nutzen Sie Ihre Träume für Ihre Gesundheit. Im Schlaf erholt sich unser Körper. Es werden Zellgifte ausgeschieden, die sich während des Wachseins im Organismus angesammelt haben, hormonale Prozesse finden statt, Zellwachstum und Revitalisierung werden beschleunigt. Träume unterstützen diesen Vorgang, Schlaftabletten stören ihn.
Jedes Bewusstsein träumt übrigens, und zwar nicht nur nachts, sondern immer. Unsere Traumwelt ist einfach eine andere Ebene, in der wir in anderer Form existieren. Als Träumer/in arbeiten wir mit unseren Ängsten, Wacherfahrungen und Erwartungen an die Zukunft und experimentieren damit viel freier, als wir das im richtigen Leben tun. Hierzu könnte noch viel gesagt werden, doch das würde den Rahmen sprengen. – Tatsache ist, ohne Schlaf könnten wir physisch nicht überleben.

Ihre Träume können Sie bei vielen Gelegenheiten unterstützen. Bitten Sie vor dem Schlafengehen um heilende oder therapeutische Träume, falls Sie krank sind. Oder bitten Sie um die bestmögliche Lösung für ein Problem. So können im Schlaf verschiedene Lösungen Ihres Problems ausprobiert werden und im Wachzustand bevorzugen Sie dann instinktiv die beste davon. Mit Träumen können Sie sehr effektiv Ihre Gesundheit erhalten, denn Ihre Traumerfahrungen wirken genauso auf Ihre Körperzellen wie Ihre Wacherfahrungen. Das wollte ich hier noch kurz erwähnen.

*A*ktivität und Beweglichkeit bis ins hohe Alter ist ein Thema, das hier nicht ausgelassen werden soll. Es ist möglich und jeder kann wählen, ob und was er dafür tun möchte. Ihr inneres Selbst wird Sie immer dabei unterstützen. Ihre Gegner sind nur Ihre eigenen Gewohnheiten, Bequemlichkeit und Glaubenssätze wie "Es hat ja doch keinen Zweck".

Jugend und Vitalität findet im Kopf statt, in Ihren Gedanken. Und wenn sie dort vorhanden ist, dann wird es Ihnen jeder auch körperlich ansehen können. Als Individuum hat es wenig Sinn, sich mit anderen zu vergleichen, die ähnlich alt sind. Also denken Sie einfach mehr an Freude, die Sie sich selbst und anderen erfüllen können. Betreiben Sie psychische Hygiene und befreien Sie sich von allen Einschränkungen und Altlasten, wie wir es zuvor besprochen haben, denn das sind die Dinge, die uns Energie rauben, und das zeigt sich dann auch so im Äußeren.

Fragen Sie sich auch, wie Sie als junger Mensch über die Welt, Ihre Interessen und Ihre Zukunft dachten. Und wie denken Sie heute darüber? Der Austausch in einem guten Freundeskreis und Aktivitäten in Interessengemeinschaften erneuern Ihre Energie.

Hier habe ich ein Paar erfrischende Zahlen: 90jährige Mexikanerin macht das Abitur, weil sie jetzt endlich Zeit dafür hat. 94jähriger Yoga-Großmeister B.K.S. Iyengar trainiert seine Schüler. 95jährige bekommt einen Fallschirmsprung geschenkt, hinterher möchte sie voller Begeisterung diesen Spaß jetzt öfter haben. Der einzige lebende Ninja Großmeister ist 85 Jahre alt. usw.
Schon Konfuzius sagte sinngemäß: Wenn du lernst, was dir Freude macht, brauchst du dein Leben lang nicht zu arbeiten. Setzen wir uns für das ein, was wir gern tun, dann ist das Alter relativ unwichtig. Freude am Tun und an der eigenen Leistungsfähigkeit motiviert uns selbst und andere. Dies ist der Geist von Kunst und Wettbewerb und letztlich der Antrieb von Entwicklung und Fortschritt.

*L*ernen Sie, das Heute zu genießen, dann werden Sie auch die Zukunft, was immer sie Ihnen bringen mag, genießen können. Freude zu empfinden und der Welt jeden Tag etwas Neues,

Interessantes abzugewinnen, das ist eine wunderbare jugendliche Angewohnheit.

In Amerika gab es wissenschaftliche Studien über die Heilwirkung und den Nutzen von Hatha-Yoga nach B.K.S. Iyengar. Die Säulen des Yoga, *Körperübungen*, *Atemtechnik* und *Meditation* wurden hoch gelobt, und die *Achtsamkeit*, die ein Mensch für sich und seinen Körper aufbringt, wenn er Yoga praktiziert. In der Geo Zeitschrift vom Juni 2013 wird zu diesem Thema gesagt, "Hätten wir eine ähnliche Pille auf dem Markt, wäre das eine Sensation".

Erfolgreich mit Yoga behandelt wurden bei diesen Studien chronische Rücken- Nacken- und andere Schmerzen, Stress, Migräne, Schlafstörungen, Blutdruckprobleme, Demenz, BurnOut, Krebs sowie posttraumatische Belastungsstörungen - PTBS.
Besonders eindrucksvoll war für mich der Nachweis in diesen Studien, dass Yoga Genveränderungen zum Positiven hin bewirkt. Damit halte ich für hinlänglich erwiesen, dass niemand seinen Genen ausgeliefert ist, denn *Gene sind aktiv veränderbar.*

Jeder Mensch trägt in seinen Genen die Möglichkeit zu einer Reihe von Krankheiten. Allerdings kann bisher niemand sagen, wodurch oder wann oder ob diese Gene überhaupt jemals aktiviert werden.
Und wenn Sie sich die natürliche Zusammenarbeit von Psyche und Körper in Erinnerung rufen, verstehen Sie, wie jeder Mensch selbst seine Gene manipuliert.

Was geschieht bei *Autoimmun-Erkrankungen*? Wenn Körperzellen sich gegenseitig bekämpfen, ist Krieg im Körper. Es gibt inzwischen Hunderte solcher Erkrankungen, allein etwa 400 zählen zu den rheumatischen. Die Ursachen sind aus wissenschaftlicher Sicht noch nicht bekannt, und es gibt keine erfolgversprechende Therapie.

Was denken Sie, wie tief gehen diese Suggestionen, gerade weil sie von Fachleuten kommen? Wie wirkt sich dieses Denken bei Betroffenen täglich auf Psyche und Körper aus?

Dauerhafte Erkrankungen sind Ausdruck von Energie, die Sie gegen sich selbst richten. Wenn jemand ständig mit dem Kopf gegen die Wand rennt, wird dieses selbst zerstörende Verhalten sehr schnell aufgedeckt. Ähnliches Verhalten, jedoch in der Psyche, führt zu Krankheiten, die chronisch werden können, wenn das zugrundeliegende Denken nicht geändert wird. Allerdings hat der Betroffene in der Regel keine Ahnung von diesen speziellen Gedanken, da sie häufig im Unterbewusstsein versteckt sind.

In den allermeisten Fällen gibt es eine schleichende Entwicklung über viele Jahre. Bereits als Kind übernehmen wir die Denkweise unserer näheren Umgebung. Wir konditionieren unser Denken und treffen Entscheidungen, um in der *dort* gewünschten Weise zu funktionieren. Später haben Sie mal hier nachgegeben, mal haben Sie dort zuviel zugelassen, sich den Sachzwängen gebeugt, sich nicht getraut, Ärgerliches runtergeschluckt, Trauriges überwunden, Verluste weggesteckt, Ängste, Nervosität und Schlafstörungen durch Medikamente beruhigt.
Und all das befindet sich in Ihrem Unterbewusstsein und will sich ausdrücken, egal wie lang es her ist.

Sie denken es ist vorbei, weil all das nicht mehr akut ist, aber es ist mentale Energie und wenn Sie sich *gegen* Ihre eigenen inneren Bedürfnisse entwickelt und anderen angepasst haben, und dieses Verhalten nie korrigiert wurde, dann drückt sich das früher oder später aus, als psychische Störung, körperliche Krankheit oder ein anderes Problem. – Sie wissen schon.

Auch chronische Krankheiten sind Krankheiten, Sie haben sich lediglich mit den Symptomen längere Zeit auseinander gesetzt. Zeit hat aber nichts mit Gesundheit oder Krankheit zu tun, denn unsere Zellen reagieren spontan. Deshalb denken Sie nicht an herunterziehende Prognosen, sondern glauben Sie an Ihre Heilkraft, die auch jetzt in Ihnen vorhanden ist, und unterstützen Sie diese mit aufbauenden Gedanken.
Übernehmen Sie die Verantwortung für Ihr Leben und verändern Sie nach und nach alles, was Sie krank macht. Lernen Sie, auf Ihre eigenen Gefühle zu achten und integer zu sein. Wenn Sie es wirklich wollen, können Sie alles verändern – Ihre Absicht zählt.

Von Anfang an versuchen wir, mit bestimmten Strategien unser Dasein zu gestalten. Manch eine Strategie ist nach einer Weile nicht mehr nützlich. Dann brauchen wir eine neue und müssen eine vertraute Gewohnheit ablegen. Das fällt uns manchmal schwer, weil wir gar nicht wissen, dass es eine Gewohnheit ist. Sie ist so sehr ein Teil unserer psychischen Struktur geworden, genauso wie der Arm ein Teil unseres Körpers ist.

So geht es leider vielen, die länger krank sind, sie können sich gar nicht mehr vorstellen, vollkommen gesund zu sein, und fühlen vielleicht sogar einen Widerstand dagegen. So, als ob sie etwas aufgeben müssten, das ihnen vertraut geworden ist. Aber wenn Sie sich ehrlich darum kümmern, finden Sie alles heraus und können es ändern.

Und auch noch dies zum Schluss: Nirgends habe ich gesagt, dass es leicht ist, aber *es ist machbar* und es lohnt sich immer.

Glauben Sie an Ihre Gesundheit, die auch jetzt in Ihnen ist. Wenn Sie krank sind, sollten Sie auf Ihre künftige Genesung schon jetzt reagieren, indem Sie sich vorstellen, dass es Ihnen besser geht. Stellen Sie sich selbst so lebhaft wie möglich in einem sehr guten Zustand vor. Üben Sie das Visualisieren von idealen Zuständen und Ereignissen jeden Tag. Ihre Freude darüber ist ein Schritt in Ihre gesunde Wirklichkeit.

Trauen Sie sich, verändern Sie Dinge und Gewohnheiten in Ihrem Leben, die Ihnen nicht gut tun. Ich wünsche Ihnen bei all Ihren Unternehmungen viel Erfolg und stets eine gute Gesundheit.

Wenn Sie Ihre eigenen Gedanken nicht kennen
und wenn Sie Ihre Gedanken nicht verändern können,
wenn Sie das wollen,
nur dann sind Sie ihnen ausgeliefert.

Unsere Psyche

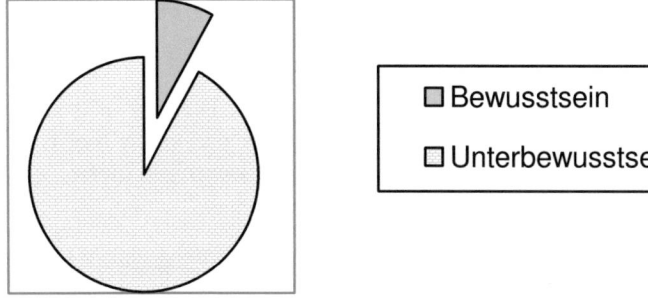

Zu über 90 % werden wir von unserem Unterbewusstsein 'gesteuert'. Das muss nicht sein, aber solange wir nicht offiziell lernen, mit unseren unbewussten Anteilen zu sprechen, wird das für die Mehrzahl so bleiben.

Im Laufe des Lebens wird alles, was nicht zu handhaben oder unangenehm ist, da hineingestopft. Aber: Diese Dinge wollen angeschaut und verstanden werden, deshalb drängen sie immer wieder mal ins Bewusstsein. Der Mensch versucht jedoch, den Deckel zum Unterbewusstsein möglichst immer geschlossen zu halten. Je besser ihm das gelingt, diese Dinge vor sich selbst geheim zu halten, desto stärker wird der Druck des Unbewussten. Es wächst. Es will sich ausdrücken und da ihm keine andere Möglichkeit bleibt, erzeugt es Energie-Blockaden.

Blockaden und ihre Wirkung

Alle traumatischen Erlebnisse, jede Lieblosigkeit und negative Glaubenssätze über sich selbst und die Welt prägen mentale und emotionale Energie. Alle Informationen wirken auf unsere Körperzellen und werden darin gespeichert. Wenn diese negativ geprägte Energie nicht verstanden und nicht verarbeitet wird, erzeugt sie Blockaden in unserem menschlichen Energiesystem.

Diese wiederum führen im Laufe der Zeit zu Problemen und zu psychischen und körperlichen Krankheiten.

Sobald Sie sich dem blockierten Energiefeld nähern, bemerken Sie eine unangenehme Gegenkraft. Je stärker die Blockade ist, desto größer ist ihr *Widerstand*. Das führt dazu, dass Sie dieses Hindernis lieber umgehen und ihm ausweichen.
Statt Hilfe anzunehmen, sagen Sie dann z.b.: das will ich nicht, das brauche ich nicht, bei mir funktioniert das doch nicht, bei mir ist das anders, das geht jetzt nicht, das kann ich nicht, ich habe jetzt keine Zeit dafür usw.

Dabei wäre es kein Problem, alle Energie-Blockaden aufzulösen, man muss es nur tun.

Blockaden befinden sich nur im Ego und im persönlichen Unterbewusstsein:

- sie trennen dich von deinem inneren Wissen und von all deinen Fähigkeiten
- sie verzerren deine Wahrnehmung
- du interpretierst die Wirklichkeit falsch
- sie verhindern Kommunikation, du kannst dich nicht mitteilen, bist oft sprachlos
- dir geschehen Dinge, die du nicht willst: Streit, Krankheiten, Armut, Unfälle usw.
- sie führen zu Energiemangel, Ängsten, Phobien, Misstrauen und Zwangsverhalten
- du wirst langsamer in deinem Tun, unsicher, Blockaden lähmen dich
- Aufmerksamkeit und Körpergefühl verschwinden, du ziehst dich von allem zurück – und fühlst dich allein

Wir sind gesund, wenn unsere mentale und emotionale Energie frei fließen kann.

Unsere Zellen

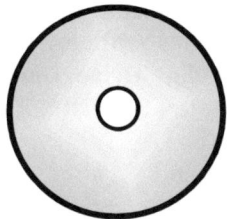

Im Zellkern sind die Chromosomen, darin ist die DNA mit unseren Erbinformationen. Die Gene sind Abschnitte der DNA.

Die Zellmembran mit ihren Proteinen und Lipiden ist ein Meister des Stoff- und Informationsaustausches zwischen der äußeren Umwelt und dem Zell-Inneren.

In unserem Körper befinden sich bis zu rund 100 Billionen Zellen mit sehr unterschiedlichen Aufgaben. Alle kommunizieren telepathisch miteinander, denn jede Zelle ist bewusst. Unsere Organe werden von Zellen gebildet, die genau wissen, welchen Platz sie im Gesamtsystem des Körpers innehaben. Sie geben immer ihr Bestes für das optimale Funktionieren. Im Zellkern befindet sich unsere DNA, die den Bauplan des Menschen enthält. Die Gene darin können jederzeit durch Zellaktivitäten und etliche andere Einflüsse verändert werden.

Die Leber ist das Organ, das über alle anderen Organe und Körperteile Bescheid weiß. Sie hilft bei der Entgiftung und im Bedarfsfalle unterstützt sie andere Organe in Bezug auf Herstellung und Weiterleitung körpereigener Stoffe, bis dasjenige Organ wieder selbst richtig arbeitet. Unser Körper kann von sich aus 'Medikamente' herstellen, wenn sie benötigt werden, und sie direkt an die richtige Stelle leiten, ohne andere Teile zu beeinträchtigen.

Jede Zelle ist von einer Zellmembran umgeben, die für den Stoffaustausch und die Kommunikation mit dem Körper und der Umwelt zuständig ist. Die Membran ist quasi die Haut der Zelle. Die in ihr befindlichen Proteine und Lipide regeln, was in die Zelle hereinkommt und was hinausgeht. Im menschlichen Körper sind Proteine für Vieles zuständig. Diese Dinge sind schon recht gut erforscht (** Bitte informieren Sie sich z.B. dort).

Die Zellmembran reagiert auf alle hereinkommenden Informationen, z.B. auf Wärme und Kälte, Erfolg und Misserfolg, Wohlgefühl und Schmerz und alle anderen Emotionen. Damit erhält jede Zelle kontinuierlich energetische Informationen über die innere Absicht der Gedanken und Gefühle dieses Menschen und darüber, wie er seinen Körper und seine äußere physische Umgebung wahrnimmt.

Wir können sagen, dass jede einzelne Zelle entsprechend den erhaltenen Informationen einen eigenen psychischen Zustand widerspiegelt. Nach diesem Zustand bestimmt die Zelle, ob Gene an- oder abgeschaltet werden, ob die Zelle weiterhin gesund ist oder ob sie sich verändert, ob sie sich teilt oder stirbt.

Wenn größere Zellgruppen in einen schlechten psychischen Zustand geraten, entstehen auf diese Weise Krankheiten. Der Körper ist der physische Spiegel des psychischen Zustands eines Menschen.

** Biochemie Max Planck Institut; Thomas C. Südhof Stanford Universität, Nobelpreis für Medizin 2013.

Die Sache mit den Schaltern bei diesem besonderen Menschen-Volk

In einer fernen Galaxie, weit vom Zentrum unseres Universums entfernt, lebt auf einem wunderbaren Planeten ein ganz besonderes Menschen-Volk.

Es begann vor sehr langer Zeit damit, dass sich recht liebenswerte, jedoch abenteuerliche Energiewesen in den Kopf gesetzt hatten, ein Gemeinschaftsunternehmen der besonderen Art zu starten. Sie errichteten eine ganz neue Ebene, ein materielles Universum, in dem sich der darin involvierte Teil ihrer Grundenergie nur noch in physischer Form ausdrücken konnte. Über das in jedem Energiequäntchen enthaltene Bewusstsein hielten sie untrennbar die innere geistige Verbindung aufrecht.

Es entstand eine vor Energie strotzende Welt mit unendlich vielen strahlenden Sonnen und unterschiedlichen Planeten. ... und weit vom Zentrum dieses materiellen Universums entfernt, lebt heute auf einem wunderbaren Planeten wie im Paradies ein ganz besonderes Menschen-Volk. Ich möchte eines dieser erstaunlichen Energiewesen-Kinder in einem menschlichen Körper hier einmal beschreiben.

Wenn heute so ein kleiner Mensch auf die Welt kommt, gleicht er einer Wundermaschine, die in der Lage ist, sich mit einer Milliarde Schaltern und Hebeln selbst zu steuern.

Das sollte uns zu denken geben, speziell im Hinblick darauf, dass einige von uns beim Autofahren schon mal Gas und Bremse verwechseln. Wie kann dieser kleine Mensch da mit einer Milliarde wichtiger und weniger wichtiger Hebel, Schalter, Regler und Stellschrauben zurechtkommen?

Der kleine Mensch – wir wollen ihn hier mal Jimmy nennen - sucht sich für das, was er vorhat, die optimale Umgebung aus und stellt damit schon viele Hauptschalter nach seinen eigenen Anforderungen ein. Während seiner Zeit im Mutterleib lernt er die ihn umgebenden emotionalen und sozialen Beziehungen und

Verhaltensweisen kennen. Nach diesen Vorbildern nimmt Jimmy die Voreinstellungen ganzer Reglergruppen vor. Er weiß schon bevor er das Licht der Welt erblickt, wie seine Familie miteinander umgeht. Jimmy stellt munter seine Regler ein, obwohl er selbst noch keine Vorstellung davon hat, was davon richtig oder falsch für ihn ist.

Und dann wird der kleine Mensch zur Freude der ganzen Familie geboren: Schaut her, es ist ein Junge, wir wollen ihn Jimmy nennen. Jimmy konditioniert in den nächsten Monaten und Jahren seinen Körper und seine Psyche darauf, sich nach den dort allgemein gültigen Mustern zu verhalten und auf bestimmte Art zu reagieren. Er konzentriert sich damit auf bestimmte Bereiche, während er andere außer acht lässt – und stellt viele Schalter und Regler ein. Dieses jetzt für ihn typische Verhalten legt in Jimmys Nervensystem gewisse Teile in Richtung dieser Konzentration fest. Diese Art von Verhalten ist nun ständig wirksam, egal ob Jimmy wach ist oder schläft und träumt.

Jimmys Nervensystem hat noch eine ganz besondere Eigenschaft, denn ganz bestimmte Teile davon sind Empfänger von Impulsen, die von Jimmy aus nach außen gehen, um Ereignisse zu bilden.

Dieselbe Art der Konditionierung funktioniert also nicht nur bei der Reaktion auf bestimmte Ereignisse, sondern auch bei der Gestaltung von Ereignissen. Jimmy legt sich demnach auf die Konstruktion von Ereignissen einer bestimmten Art fest, auf die er dann natürlich wiederum auf seine bestimmte Weise reagiert.

Nur so kann Jimmy eine Milliarde Schalter bedienen und sich selbst steuern, indem er die allermeisten seiner Funktionen den von ihm voreingestellten Regelkreisen überlässt. Erst viele Jahre später, wenn er selbst über alles nachdenken kann, wird Jimmy seine Konditionierung bewusst verändern wollen, nämlich dann wenn er z.B. immer wieder in seinem Leben auf dieselben oder ähnliche Probleme stößt.

Und das Gute daran ist:
Jeder Schalter kann jederzeit neu eingestellt werden.

Teil Zwei

Mensch sein ist mehr

Schon Sokrates (470-399 vor Chr.) war der Ansicht, dass die Menschen durch Selbsterkenntnis alles Wissen in sich selbst finden können. Er lebte und arbeitete mit seinen Schülern, unter denen sich auch Platon, Aristoteles und Euklid befanden, nach dem Motto: Erkenne dich selbst. Den Herrschenden war das nicht geheuer und sie verurteilten ihn dazu, den Schierlingsbecher zu trinken.
Rund 2.500 Jahre später stehen wir nach vielen elenden Kriegen, nach Inquisition und Aufklärung, nach Darwin, technischer Revolution und Bankenkrise heute wieder - oder immer noch - an derselben Stelle. Wir sind Bewusstsein, das sich selbst erkennen will. Es wäre wunderbar, wenn jeder Mensch lernte, sich selbst zu verstehen, um daraus die Erkenntnis zu gewinnen, dass Vertrauen und Kommunikation die Grundpfeiler jeder Gemeinschaft sind. Vielleicht kann ich mit diesem Buch ein wenig dazu beitragen.

In diesem zweiten Teil möchte ich Ihnen aus meiner Sicht als spirituelle Therapeutin einige weniger bekannte Phänomene beschreiben, die dem Mensch sein Sinn und geistige Tiefe geben. Sie dürfen sich gern auf einige Überraschungen gefasst machen, denn wir Menschen werden nicht einfach geboren und sind nach dem körperlichen Tode wieder weg. Wir waren schon zuvor eine Energiepersönlichkeit mit einer unsterblichen Seele, und sind es auch danach, ergänzt um die irdischen Erfahrungen.

Im Folgenden werde ich eine menschliche Landschaft vor Ihnen ausbreiten, die Sie durch ihre Eigenartigkeit vielleicht zunächst verstört, aber auf den zweiten Blick gerade durch ihre fremdartige, tiefgründige Schönheit zum Verweilen einlädt.

Nahezu unbekannte Naturphänomene sind immer gegenwärtig, um unser menschliches Leben, ja unsere ganze materielle Existenz zu unterstützen. Jedem von uns ist der bewusste Gebrauch dieser natürlichen Phänomene möglich, denn dafür sind sie da. Allein schon die Kenntnis ihrer Eigenschaften kann für uns sehr hilfreich sein. Uns wird dadurch deutlich, dass alles in unserer Welt einen Sinn hat, dass wir liebevoll getragen werden und unsere Fähigkeit, diese Welt konstruktiv mitzugestalten, im Wachsen begriffen ist. Vertrauen wir uns doch einfach.

Beginnen wir mit der Gesundheit, meinem zentralen Thema. Die Menschheit wird nicht immer kränker, weil sie stets alle möglichen alten und neuen Krankheiten erbt, wie uns immerzu erzählt wird. Viele haben in dieser Hinsicht eine sehr einseitige und lineare Sichtweise entwickelt, die nicht mit den natürlichen Vorgängen unserer Welt übereinstimmt.
Wir werden nicht als potentielle Opfer geboren. In unserer gesamten Natur wirken selbstheilende Mechanismen für alles, was unser Universum ausmacht. Wie sonst hätten wir so lange existieren können? Nach neuesten Erkenntnissen aus dem Jahre 2012 sollen wir Menschen immerhin schon seit etwa sechs Millionen Jahren existieren. Und diese Zahl wird mit Sicherheit noch weiter nach oben korrigiert werden.

Im Lebensplan der Menschheit insgesamt gesehen sind also drei Generationen völlig belanglos. Aber schauen Sie doch einmal drei Generationen zurück in Ihrer eigenen Familie, in der mütterlichen und väterlichen Linie. Was wissen Sie tatsächlich über diese drei Generationen? Es sind Ihre Eltern, Großeltern und Urgroßeltern, alle Geschwister, Tanten, Onkel, Nichten, Neffen, Großtanten, Großonkel, Urgroßtanten und Urgroßonkel. Was haben diese Menschen gefühlt, haben sie gern gelebt, haben sie geliebt, was war ihre größte Freude, was machte ihr Leben aus, usw.?

Ich möchte Sie jetzt nicht überfordern, sondern lediglich damit verständlich machen, wie theoretisch die Kenntnisse der Wissenschaft diesbezüglich nur sein können. An einem alten Knochen können Sie einfach nicht erkennen, ob der Inhaber zu seinen Lebzeiten glücklich war.

Weiter vorn hatte ich beschrieben, wie sich jede Ihrer rund 100 Billionen Zellen nach den telepathisch empfangenen Informationen richtet. Ihr Zellen erhalten Quantensignale, die nicht durch Zeit und Raum beschränkt sind. Die Zellinformationen insgesamt stammen insofern aus Vergangenheit, Gegenwart und Zukunft und von überall her. Sie sind Teil der Grund-Energie, aus der die Zellen bestehen, und lassen dadurch stets *jeden* möglichen Zustand zu.

Der festigende Faktor, mit dem Sie diese Möglichkeiten auf den Punkt bringen, sind Ihre aktuellen Gedanken und Gefühle. Ihr Körper drückt genau das aus, was Sie selbst bewusst und unbewusst für gültig halten.

Studien aus der Placebo-Forschung ergaben, dass nur zum Schein vorgenommene Knie-Operationen bei den Patienten zum Verschwinden der Probleme führten. Der Patient denkt, die OP war erfolgreich, und fühlt sich entsprechend.

Aktive Genveränderung durch die Psyche und das Tun ist enorm vielversprechend. Dadurch kann verstanden werden, wie gesunde Erbanlagen unterstützt und sogar wiederhergestellt werden können. Die von mir beschriebene Medizin des Bewusstseins leistet hierbei sehr gute Arbeit, denn jeder Einzelne von uns trägt alle Fähigkeiten in sich für ein gesundes und selbstbestimmtes Leben. Diese müssen jedoch oftmals erst geweckt werden, denn so hatten wir bisher ja nicht gedacht.

Unser leiblicher Körper ist das *spontane Resultat* von geistiger und energetischer Signal- und Informationsverarbeitung – wie übrigens alle Materie.

Wir Menschen sind seltsame Wesen, denn wir leben gleichzeitig in der materiellen Welt, die wir mit unseren äußeren Sinnen wahrnehmen, und in der geistigen Welt, wo unser Denken und Empfinden stattfindet. Gedanken und Gefühle sind nicht greifbar. Sie können niemandem Ihr Gefühl in die Hand geben und es getrennt von sich selbst untersuchen lassen.

Da wir in beiden Welten aktiv sind, ist die Seele ebenso wichtig wie das Ego für unser Leben. Beide können wunderbar zusammenarbeiten. Intuitionen, Gefühle, Imagination und unser Verstand bereichern unser Dasein in vielerlei Hinsicht. Geistige Vorgänge sind aufs Engste mit allen materiellen Dingen verwoben. Unser Leben ist Erfahrung von innen und außen. Und wir versuchen lebenslang, uns all das bewusst zu machen und zu verstehen.

Die Natur hält viele Mechanismen und Hilfen für uns bereit. Wir können sie erkennen, und für unsere Gesundheit und ein erfülltes Leben Nutzen daraus zu ziehen. Vielleicht gelingt es Ihnen, Ihre Verbindungen mit den im Folgenden beschriebenen natürlichen Vorgängen zu erkennen.

Von Energie zum menschlichen Körper

Wenn wir der Wissenschaft folgen und davon ausgehen, dass unser ganzes Universum ursprünglich aus Energie besteht, dann muss demnach irgendwie eine Umwandlung von Energie in Materie stattfinden. Ich gehe davon aus, dass diese Umwandlung nicht einmal geschah und nun abgeschlossen ist, sondern dass sie weiterhin kontinuierlich stattfindet.
Alle Übergangsstadien sind somit ebenfalls stets vorhanden, obgleich wir in der Regel nur das Endergebnis wahrnehmen. Unsere äußeren Sinne sind extra so beschaffen, dass wir mit ihnen nur Materielles sehen, hören, schmecken, riechen und fühlen können und nichts anderes.

Wenn das anders wäre, könnte unser Verstand die Menge der Informationen weder unterscheiden noch verarbeiten. Durch Erkenntnisse und Übung kann unser Verstand aber durchaus eine viel umfassendere Informationsverarbeitung lernen.

Versuchen Sie einmal selbst, eine Idee für die Umwandlung von Energie in Materie zu bekommen. Stellen Sie sich einen Stuhl vor, auf dem Sie sitzen. Sie erleben ihn zweifellos als fest. Dennoch besteht er aus vielen einzelnen Atomen und Molekülen, die sich in einem wunderbaren Tanz umeinander herum bewegen und diesen Stuhl formen. Sie selbst bestehen auch aus diesen winzig kleinen Einheiten. Trotzdem würden Sie sicherlich nicht auf die Idee kommen, dass ihr Körper in den Stuhl einsinken könnte, oder? Materie scheint also verfestigte Grund-Energie zu sein.

Gehen Sie auch nur einen einzigen Entwicklungsschritt zurück in Richtung Energie, dann könnten Sie sich selbst und den Stuhl nicht mehr so fühlen und berühren, wie Sie es gewohnt sind. Vielmehr würden Sie – vielleicht mit einer glitzernden Hand - durch einen glitzernden Stuhl hindurchgreifen.

Der technische Fortschritt hat es ermöglicht, kleinste Einheiten und ihre Bewegung sichtbar zu machen. Noch bessere Technik wird noch kleinere Einheiten sichtbar machen – aber all das *ist* schon Materie. Die Theorien kühner Wissenschaftler gehen ein Stück weiter und beschäftigen sich mit der Frage, welcher Art die Energie sein könnte, aus der die Materie entsteht, und mit der Frage, was außerhalb unseres Universums sein könnte.

Alle materielle Forschung wird auf die Materie beschränkt bleiben. Geistig können wir jedoch weiterführende Theorien entwickeln, die eines Tages durch die Einbeziehung der Fähigkeiten unseres Bewusstseins in die Forschung durchaus ihre Bestätigung finden werden.

Die Übergangsstadien während der Umwandlung von Energie in Materie können wir nur mit unseren inneren Sinnen wahrnehmen, die ich später noch detaillierter beschreibe. Die Aura ist zum Beispiel so ein energetisches Zwischenstadium, das noch nicht gänzlich Materie ist. Einige Menschen können sie 'sehen'. Das ist deshalb möglich, weil unser Nervensystem an sich biologisch so beschaffen ist, dass es verschiedene Zustände von Materie wahrnehmen *kann*, und damit auch subatomare Zustände.
    Mit etwas Übung kann jeder Mensch lernen, sich die Wahrnehmungen seiner inneren Sinne bewusst zu machen. Dabei sollte der Verstand aber immer den Unterschied kennen.

Hier passen die Energie-Körper wunderbar hinein, um eine für uns verständliche Struktur zu bilden, mit der wir uns die Entwicklung von der göttlichen Energie bis zum menschlichen Körper deutlich machen können. Diese Entwicklung wurde bereits vor rund 3.000 Jahren in alten indischen Überlieferungen als eine Abfolge von Energie-Körpern beschrieben. Ich möchte diese Darstellungen hier einmal aus meiner Sicht interpretieren.

Ausgehend von der göttlichen Energie-Ebene, wird hier aufgezeigt, wie die Energie sich immer deutlicher individualisiert in Richtung eines bestimmten Zwecks, bis sie Materie in einer ganz bestimmten Form bildet, nämlich zum Beispiel einen menschlichen Körper. Im Zuge dieses Umwandlungsprozesses wird die Energie immer langsamer, sie verfestigt sich und friert quasi ein zu Materie. Sechs verschiedene Energie-Zustände oder Energie-Körper sollen hier diese Umwandlung deutlich machen.

Der Samadi oder auch Atmische Körper stellt den Ursprung allen Seins dar, die göttliche bewusste Energie-Gestalt, Alles-was-ist. Diese Ebene entspricht der Grund-Energie, der inneren Vitalität, aus der alle Existenz hervorgeht. Eine unbeschreibliche, nicht materielle, bewusste Energie, in der alle Möglichkeiten latent vorhanden sind.

Der Buddhi Körper oder auch höherer Geistkörper bezeichnet die Ebene der Wesenheiten. Sozusagen 'nach dem Urknall' formen sich Teile der Grund-Energie ihrer inneren Absicht entsprechend individueller. Dadurch entstehen Identitäten. Hier werden im Hinblick auf unser Universum die ersten Weichen in Richtung Materie gestellt. Menschen, die entsprechend geübt sind, können mit ihrem Bewusstsein diese Ebene erreichen. Hier kann hinter die Tarnung der Materie geblickt und die wahre Bedeutung der Dinge erkannt werden.

Der Kausal Körper oder auch Karmische Körper stellt, noch individueller, die Ebene der persönlichen Seele dar. Hier befinden sich u.a. auch die Verbindungen zum Massenbewusstsein, zu allen Inkarnationen und den wahrscheinlichen Selbst. Auf dieser Ebene beschließt unser inneres Selbst, das menschliche Leben zu erfahren. Dies gilt ebenso für unsere Inkarnationen, die insofern wie geistige Geschwister zu betrachten sind.

Der Mental Körper ist die Ebene, in der sich z.B. die Akasha-Chronik, das universelle Gedächtnis des Kosmos und verschiedene Weltansichten befinden. Hier beginnen unsere ganz individuellen Energie-Körper, denn hier sind auch unsere persönlichen Glaubenssatz-Strukturen anzutreffen, unser Denken. Das heißt, auf dieser Ebene können wir mit relativ einfachen Übungen erfolgreich Blockaden erkennen und beseitigen.

Der Emotional Körper wird auch Astral Körper genannt, er ist ebenfalls ein individueller Energie-Körper. Hier können wir unter anderem unsere Traumwelt erfahren und außerkörperliche Reisen machen. Auch unsere Gefühlswelt ist hier aufzufinden, unsere ganz persönliche emotionale Wirklichkeit. Das heißt, auf dieser Ebene können wir, wieder mit relativ einfachen Übungen, erfolgreich emotionale Blockaden erkennen und beseitigen.

Den Ätherischen Körper können wir als unsere Brücke zur geistigen Welt betrachten. Er ist ein energetisches Gegenstück zu unserem persönlichen physischen Körper. Dieser Energie-Körper zeigt unsere psychische Lebenskraft und körperliche Gesundheit an. Er ist Teil der Energie-Gestalt, die aus unserer Ego-Persönlichkeit für immer gebildet wird. Auf dieser Ebene können wir, auch wieder mit relativ einfachen Übungen, erfolgreich Veränderungen bei gesundheitlichen Problemen erreichen.

Und durch einen letzten Umwandlungsschritt erscheint dann unser menschlicher Körper, umgeben von den obigen, unsichtbaren Energie-Körpern. Er ist unser ganz persönlicher Ausdruck sowohl unserer inneren Absichten als auch unseres psychischen und energetischen Zustands. Nur mit diesem physischen Körper können wir Raum und Zeit erfahren. Er ist die sichtbare 'Spitze des Eisbergs' unserer Existenz.

Mich erstaunt immer wieder, was in den Schriften der Yogis, der Inder, der Buddhisten, der Schamanen und der großen Religionen weltweit an Wissen überliefert ist. Philosophisch können diese alten Theorien ganz gut an heutige Denkmodelle anknüpfen. Dabei ist es unerheblich, wie die einzelnen Lehren ihr Wissen mit bestimmten Regeln umgeben. Wichtig ist der Kern der Theorien.
Erst durch die Inquisition und den Beginn des industriellen Zeitalters entfernten sich die Menschen, vor allem in der westlichen Welt, mehr und mehr von ihren inneren Verbindungen mit der Natur. Das führte auch dazu, dass sie einen Bauern oder Eingeborenen als weniger 'entwickelt' betrachteten.

Der moderne Mensch hat sich daran gewöhnt, so sehr nach außen zu schauen, dass er nicht mehr weiß, wie er innerlich funktioniert. Er kann sich deshalb nicht mehr ganz und geschützt fühlen und wird dadurch ängstlicher, als er sein sollte. Ihm fehlt die innere Sicherheit, und er versucht das oft, durch äußere Bestätigung und/oder auf Kosten anderer zu kompensieren.

Wir leben jetzt in einer Zeit, in der wieder mehr Menschen ihre inneren Verbindungen zu spüren beginnen. Ein Verständnis dieser natürlichen Zusammenhänge wird insgesamt zu einer konstruktiveren Lebensweise führen.

Viele Turbulenzen auf dieser Welt sind ein Ausdruck von *Energie, die fehlgeleitet wird*. Das betrifft die physischen, psychischen und emotionalen Zustände von Menschen und ebenfalls die Erdbeben und Wetterphänomene. Auch unsere Einstellung über Krieg und Frieden muss sich verändern, wenn wir überleben wollen. Ein freies, gesundes, selbst bestimmtes Leben in guter Nachbarschaft mit unserer gesamten Umwelt *ist* möglich, auch wenn wir dies heute noch nicht unbedingt erkennen können.

Zum Mensch sein gehört auch noch der kreative Aspekt, denn wir alle sind Erschaffer. Sie sind eine Energiepersönlichkeit, die eine Erdenerfahrung machen will. Schon als Fötus beginnen Sie, etwas vollkommen Neues zu erschaffen, etwas, das noch nie zuvor existierte. Ganz automatisch entsteht ein – sagen wir mal - elektromagnetisches Abbild von Ihnen, mit all Ihren Emotionen und Lebenserfahrungen, *eine bewusste Energiegestalt* Ihrer vollständigen Ego-Persönlichkeit.

Und wenn Sie eines Tages beschließen, Ihren Körper für immer zu verlassen, existiert diese Energiegestalt weiter und jedes winzige Detail Ihres gesamten Lebens bleibt bestehen. Aus diesem Grunde ist eine geistige Kommunikation mit Verstorbenen tatsächlich möglich. Alle unüberbrückbaren Trennungen, aus unserer Sicht, sind unterschiedliche Energiefeldgrenzen, die unter bestimmten Umständen für Bewusstsein durchlässig sind. Weiter möchte ich diesen Punkt hier nicht ausführen, das würde uns auf andere Pfade bringen.

Vom Bewusstsein zum Ego-Bewusstsein

Sie haben jetzt vielleicht eine Vorstellung davon, wie die Entwicklung von der Grund-Energie zum menschlichen Körper vor sich geht. Nun werde ich hier versuchen, Ihnen die Entwicklung vom Bewusstsein der Grund-Energie bis hin zum Ego-Bewusstsein darzustellen. Das eine ist vom anderen sehr verschieden. Während wir mit unserem Ego-Bewusstsein auf unser materielles Universum blicken, werden wir durch die inneren Mechanismen am Leben erhalten. Und weil wir denken können, fragen wir uns, möglicherweise, wie aus dem Bewusstsein eines göttlichen Energiefeldes unser sehr spezielles Ego-Bewusstsein entstehen kann. Die Worte Evolution oder Entwicklung sagen uns nicht, was da geschieht, graben wir also etwas tiefer.

Instabilität ist die Voraussetzung für jede Entwicklung und Veränderung. Diese Instabilität wird durch die Merkmale der kleinsten Energie-Einheiten bereits vorgegeben, soviel kann ich sagen. Jede weitere Beschreibung dieser Einheiten würde uns zu weit vom Thema entfernen.

Da wir im Allgemeinen davon ausgehen, dass Gott bewusst ist, wird auch die innere Vitalität oder Grund-Energie bewusst sein. Sie beabsichtigt die Geburt von Bewusstsein in eine neue Aktivitätsebene hinein. Eine physische Welt soll entstehen. Diesen Vorgang möchte ich hier frei nach dem Seth-Buch *"Die frühen Sitzungen, Band 3, Seite 300-306"* beschreiben.

Individuelle Teile der Grund-Energie materialisieren sich (in einem Urknall) als Energie-Wesenheiten in dem vorbereiteten physischen Feld. Sie haben den tiefen Wunsch, den unendlich vielen Absichten und Möglichkeiten ihrer inneren Vitalität in einem physischen Universum Ausdruck zu verleihen und diese in eigenem, freien Willen zu mehren.
Damit ist Identität entstanden. Jede Identität hat das vollständige Wissen über die Prinzipien und Mechanismen der inneren Vitalität oder göttlichen Energie und empfindet sich somit als bewusster, wissender Teil davon.

Jede Identität möchte nun in ihrer Position Stabilität erreichen, wird aber immer wieder durch einen inneren Drang nach Veränderung daran gehindert. Dieser fortdauernde Zustand von Ungleichgewichten ermöglicht eine weitere Entwicklung und Individualisierung der inneren Vitalität. Daraus entsteht das Bewusstsein des inneren Selbst. Auch das innere Selbst, wir können auch die Seele sagen, hat das vollständige Wissen über die Prinzipien und Mechanismen der inneren Vitalität und empfindet sich als bewusster, wissender Teil davon.

Bis zu diesen Ebenen ist das Einssein mit der Energie der Quelle und das bewusste Verständnis über die innere Arbeitsweise vollständig vorhanden. Alle Aktionen geschehen in Übereinstimmung mit allen anderen. Dann jedoch versucht individuelles Bewusstsein sich im Verlaufe weiterer Entwicklung von den inneren, geistigen Vorgängen zu trennen und die materielle Welt objektiv zu betrachten. Hierdurch wird unser Ego-Bewusstsein geboren.

Diese neue objektive Wahrnehmung und Interpretation ist für die innere Vitalität eine fantastische neue Art, in der sich das göttliche Bewusstsein ausdrücken kann. Wir Menschen haben eine andere Wahrnehmung angenommen und haben dadurch kein bewusstes Wissen mehr von den Prinzipien und Mechanismen der inneren Vitalität. Unser Augenmerk ist in erster Linie auf unsere materielle Umgebung gerichtet, um darin zurecht zu kommen.

Die Menschen haben sozusagen den Apfel vom Baum der Erkenntnis gegessen, wäre die christliche Interpretation dieser Entwicklung. Die Aborigines bezeichnen die Zeit vor dieser Entwicklung als die Traumzeit, in der die Menschen ihr Wissen aus der geistigen Welt und der Natur erfahren konnten, um dieses in ihrem Leben anzuwenden.

Die natürliche Instabilität der Energie, aus der alles besteht, drückt sich natürlich auch in unserem Alltag aus. Als junger Mensch glauben Sie vielleicht, dass Sie alles über ein Thema wissen, wenn Sie es jahrelang gelernt oder studiert haben. Sie möchten diese Kenntnisse jetzt im Beruf festigen. Nach einiger Zeit stellen Sie jedoch fest, dass es neue Materialien, neue Erkenntnisse und neue

Möglichkeiten gibt in Ihrem Gebiet, und neues Wissen wird zwangsläufig das alte ablösen. Nichts ist beständiger als die Veränderung.

Vielleicht können Sie jetzt ermessen, wie anspruchsvoll die menschliche Existenz tatsächlich ist, in die wir uns ohne Netz und doppelten Boden hineinbegeben haben. Zu den Prinzipien der inneren Vitalität oder Energie gehört auch, dass Bewusstsein sich immer selbst zu verstehen sucht. Und dies genau ist unsere Chance und die innere Motivation für weitere Entwicklung.

Wir bestehen alle aus demselben Sternenstaub und unser Bewusstsein ist göttliches Bewusstsein, so dass wir durchaus in der Lage sein sollten, mit Hilfe unseres Verstandes und unter Einbeziehung unserer inneren Anteile unser Bewusstsein und unsere Welt zu verstehen.

Ein Verständnis dafür, dass unsere erlebte Realität das Produkt unserer Überzeugungen ist, würde große Veränderungen in allen Bereichen unseres Lebens mit sich bringen. Die Menschen würden lernen, alles Leben insgesamt mehr zu achten und zu unterstützen. Allein hieraus würden sich vollkommen neue Konzepte für die Wirtschaft und das globale Zusammenleben ergeben.

Wie wunderbar wir Menschen die Dinge objektiv betrachten können und verstehen wollen, sehen wir an unseren Wissenschaftlern, die unsere Welt beschreiben und erklären möchten und tatsächlich immer spannendere Resultate finden. Nach den Erkenntnissen der Physik aus den späten 1990er Jahren soll das bisher bekannte, materielle Universum nur ca. 5 bis 7 % des gesamten Kosmos ausmachen. Die erstaunlich große Restmenge des Kosmos besteht aus geheimnisvoller schwarzer Materie und schwarzer Energie, die beide nicht so ganz in unsere Naturgesetze hineinpassen wollen.

Das erinnert mich ein wenig daran, dass wir Menschen (noch) zu über 90 % von unserem Unterbewusstsein gesteuert werden. Sowohl bei den Menschen als auch im Weltall gibt es demnach noch erfreulich viel Entdeckungspotenzial.

Bewusstseinsfamilien

Meiner Vorstellung nach sind wir alle ursprünglich 'Bewohner' einer geistigen Welt, vollkommen bewusste Energie-Persönlichkeiten. Als solche können wir beschließen, die recht anspruchsvolle Erfahrung des menschlichen Lebens zu machen, um unsere Kenntnisse und Fähigkeiten in körperlicher Hinsicht zu erweitern. Insofern kann das menschliche Dasein wie eine Ausbildungszeit betrachtet werden. Anspruchsvoll ist es deshalb, weil wir als Mensch den allergrößten Teil unserer geistigen Fähigkeiten nicht mehr bewusst zur Verfügung haben.

In der materiellen Welt müssen Sie bereit sein, als Teil dieser Welt nach den darin herrschenden Gegebenheiten zu leben. Sie können Ihre Energie nicht mehr frei verwenden, sondern nur noch materiell ausdrücken. Zudem werden Sie quasi in einen Raumanzug für die Erde gesteckt, denn Sie kommen mit einem Körper bekleidet und mit menschlichen Beschränkungen in die physische Welt. Von der Empfängnis an bildet sich in Ihnen ein Verstand und ein spezielles Ego-Bewusstsein. Nur Ihren freien Willen haben Sie nach wie vor, denn dieser gehört zu den Grundeigenschaften der Energie, aus der alles besteht, ebenso wie die Verbindung zu Ihrem inneren, geistigen Selbst.

Wenn Sie bereit sind, dieses Abenteuer zu wagen, fokussieren Sie Ihr Bewusstsein auf das physische Feld und projizieren sich voller Freude genau dahin, wo Sie Ihre Absichten optimal erleben und ausführen können. Ihr inneres Selbst baut ein Kraftfeld auf, und diese Kraft wirkt durch Ihr Unterbewusstsein auf Ihren physischen Körper. Nach Ihren eigenen inneren Absichten wählen Sie bereits vor der Geburt Ihre leiblichen Eltern aus, ebenso die Zeit und den Ort, wo Sie zur Welt kommen wollen. Jede Geburt bringt eine stark wirkende Kraft in das ganze System.

Das wird Ihnen sofort klar, wenn Sie sich einmal anschauen, wie alle Personen, die von einer Geburt irgendwie betroffen sind, darauf reagieren. Große Emotionen werden da freigesetzt und ganz neue Erwartungen an die Zukunft sind plötzlich da.

Zu Ihren Vorbereitungen auf das Mensch sein gehört noch eine weitere Wahl, die Ihr Vorhaben erleichtern wird. Ebenfalls vor der Geburt wählen Sie eine bestimmte Bewusstseinsfamilie oder auch psychische Familie aus, der Sie angehören wollen. Hierdurch haben Sie besonders optimierte Fähigkeiten in Ihrem Leben, die nicht unbedingt etwas mit der körperlichen Familie zu tun haben müssen, in die Sie hineingeboren werden. Deshalb staunen manche Eltern über außergewöhnliche Interessen ihres Kindes.

In dem Buch *"Seth und die Wirklichkeit der Psyche, Band 2, S. 315-381"* werden neun Bewusstseinsfamilien beschrieben, deren Hauptmerkmale ich hier sinngemäß zusammenfasse. Die psychische Familie unterstützt Ihre innere Sicherheit und sorgt dafür, dass Ihnen bestimmte Bereiche leicht von der Hand gehen, die andere vielleicht schwierig finden.

Sie können zum Beispiel ein sehr guter Organisator und Gründer effektiver Strukturen sein. Oder Sie sind ein sehr guter Lehrer. Oder Sie können ein Heiler in jeder Hinsicht sein, wozu auch ein sehr guter Automechaniker gehören würde. Vielleicht sind Sie auch ein Reformator und führen große Veränderungen herbei. Oder Sie sind ein Kommunikator und verbreiten Ideen. Sie können auch als naturverbundener Mystiker die Psyche der Menschen nähren. Oder Sie mehren als Athlet die körperlichen Fähigkeiten der Menschen. Sie können auch ideale Eltern sein und mit Ihren Eigenschaften die Menschen biologisch erhalten und sogar Genschwächen aufheben. Oder Sie sind Künstler und Erfinder und mehren die geistigen Fähigkeiten der Menschen.

Versuchen Sie einmal selbst Ihre Fähigkeiten und Vorlieben zu entdecken. Vielleicht können Sie gut organisieren, oder Sie sind ein geborener Chef, Künstler, Märchenerzähler usw. Was meinen Sie, welche psychische Familie haben Sie sich wohl ausgesucht? Oder sind es gar mehrere? Worin bestehen Ihre Talente? Woran haben Sie besonders viel Freude?

Finden Sie es für sich heraus und tun Sie das, was Sie im Inneren gern tun, dann haben Sie automatisch mehr Energie. Probieren Sie es aus. Es hat nicht unbedingt etwas mit Ihrer Ausbildung zu tun, sondern mehr mit Ihrer Freude an einer bestimmten Tätigkeit.

Ihre Gene tragen also nicht nur das Erbe der körperlich orientierten Linien, sondern auch das der gewählten Bewusstseinsfamilie in sich. Die hierdurch optimal hervorgehobenen entsprechenden Eigenschaften in einem Menschen erleichtern ihm seine gewählten Lebensziele und werden sogar weiter vererbt.

In Bezug auf Gesundheit gibt es eine Bewusstseinsfamilie, die immer dafür gesorgt hat, dass sich unsere Spezies trotz aller Katastrophen erhalten hat. Sie befasst sich mit Elternschaft und ist ihren Kindern ein Beispiel für liebende, unabhängige Eltern. Diese Menschen sind gütig, humorvoll, spielerisch und von einem lebendigen Mitgefühl erfüllt. Ihre Kinder sind ziemlich gleichmäßig über die ganze Erde und alle Nationalitäten verteilt. Sie haben einen brillanten Geist, einen gesunden Körper und starke, klare Emotionen. Sie bringen Nachkommen hervor, die ein ausgezeichnetes Gleichgewicht bewahren, so dass Geist und Körper gleichermaßen entwickelt werden. Sie sind sehr gesund und heben auf biologischer Ebene negative Gen-Codes auf. Eine Einheirat in diese Gruppe kann automatisch eine seit Generationen vererbte Schwäche beenden.
Dies zum Trost für alle Schwarzmaler.

Die Menschheit ist nicht zufällig hier und allein gelassen, sondern sie hat sich vor sehr langer Zeit dazu entschlossen, dieses Gemeinschaftsunternehmen materieller Existenz zu starten. Wir alle werden von natürlichen Mechanismen und unsichtbaren Helfern liebevoll getragen, und unsere Entwicklung wurde schon seit Menschengedenken von weisen Menschen und im Traum von sogenannten Sprechern unterstützt.
Ich könnte mir vorstellen, dass unsere unsichtbaren Helfer sich schon darauf freuen, wenn wir endlich gelernt haben, mit unserer Lebensenergie sinnvoll umzugehen. Das heißt, wenn wir unseren Verstand und unseren freien Willen ehrlich einsetzen und uns auch unsere inneren, geistigen Anteile bewusst zunutze machen.

Wie Sie erkennen können, haben Sie bereits vor Ihrer Geburt Ihren freien Willen ausgeübt und wichtige Entscheidungen getroffen. Dasselbe sollten Sie natürlich auch als Mensch tun. Sie selbst sind der Initiator für Ihr Leben. Sie haben die Weichen

voreingestellt, indem Sie sich besondere Herausforderungen aber auch Fähigkeiten mit auf den Weg gegeben haben. Schauen Sie, ob Sie Ihre Lebensaufgabe für sich finden.
Tun Sie das, was Ihnen am besten liegt und Freude macht, dann wird es auch gelingen. Nichts ist vorherbestimmt. Ihr geistiges Selbst, Ihre Seele und Ihre persönlichen Engel sind immer für Sie da. Und wenn Sie diese inneren Verbindungen spüren, können Sie für Ihr Leben sehr viel Kraft und sogar Wissen daraus schöpfen.

Durch die unterschiedlichen Religionen dieser Welt haben sich ein Paar Gedanken nun schon viel zu lange bei uns Menschen festgesetzt, nämlich, dass wir aus dem Paradies vertrieben wurden, dass wir zu einem niederen Leben herabgestiegen sind, dass wir Erbsünder sind, eine karmische Schuld abzutragen haben und Vieles mehr.
Vergessen Sie das alles, es sind destruktive Geschichten, die nur den seinerzeit Mächtigen genützt haben. Und sie werden nicht dadurch besser, dass wir sie immer noch wiederholen.

Mensch sein bedeutet, sich selbst mit ganz speziellen Eigenschaften zu erkennen und diesem Universum eine neue Dimension des Bewusstseins zu erschließen. Unser Leben ist so frei von alten Belastungen, wie es nur sein kann. Wir alle leben in der Wirklichkeit unserer eigenen Überzeugungen.

Was im Überfluss der Natur unserer Erde angelegt ist, kann sich in unserem persönlichen Leben fortsetzen. Es gibt keinen Mangel; natürliches Leben ist Ausdruck göttlicher Freude und Kreativität, Zärtlichkeit und Kraft.

Unsere inneren Sinne

Ja, Sie lesen richtig, wir haben innere Sinne. Und damit ist nicht nur der bekannte 7. Sinn gemeint, der als Synonym für Intuition gilt. Wozu haben wir diese inneren Sinne, wenn wir doch anscheinend bewusst keinen Gebrauch von ihnen machen?
Das ist genau der Punkt. Zur Zeit erhalten sie ohne unser Zutun

unsere Lebensfunktionen. Wenn wir aber in der Lage sind, ihre Bedeutung zu erfassen und sie bewusst zu gebrauchen, können sie uns dabei helfen, unsere ganze Existenz viel umfassender zu erfahren. Wir können mit ihrer Hilfe unser Potenzial begreifen, die großartigen Möglichkeiten in uns, die darauf warten, unser menschliches Leben völlig neu zu gestalten.
Unsere inneren Sinne bewusst in unser tägliches Leben mit einzubeziehen, das ist – allgemein gesagt - ein großer Schritt in der Entwicklung der Menschheit. Jeder wird das selbst erfahren, niemand anders kann das für uns tun.

Diese Sinne in jedem von uns sind unsere Verbindungen zur geistigen Welt und zu unserer Seele. Sie arbeiten beständig nach den natürlichen Prinzipien der Grund-Energie, über die ich weiter hinten berichte.
Mit unseren inneren Sinnen können wir Dinge und Zusammenhänge nicht nur wahrnehmen, sondern auch verstehen, die wir mit unseren äußeren Sinnen aufgrund ihrer Beschaffenheit gar nicht bemerken könnten. Neun unserer inneren Sinne, die natürlich gleichzeitig auch Fähigkeiten sind, werden in den Seth-Büchern *"Die frühen Sitzungen, Band 1 und Band 2"* beschrieben. Mit Aufmerksamkeit und Übung können wir lernen, diese besonderen Fähigkeiten bewusst zu gebrauchen.

Ich möchte Ihnen hierfür praktische Beispiele nennen. Sie können z.B. Ihre Nahrung verträglich machen. Das kann für Allergiker oder empfindliche Menschen wichtig sein. Sie können mit einem inneren Friedensbefehl Gewalt beenden, falls das erforderlich ist. Auch bei allen Arten geistiger oder energetischer Heilung wenden Sie innere Sinne an.
Innere Sinne arbeiten immer ergebnisorientiert und ganz spontan. Wenn Sie das starke innere Bedürfnis haben, etwas Konstruktives zu tun, was normalerweise aus physischer Sicht nicht möglich ist, dann können im Rahmen von Liebe und Vertrauen, zu sich selbst und zu anderen, jederzeit Wunder geschehen.

Auch Sie empfangen andauernd Daten von Ihren inneren Sinnen, diese werden in der Regel durch Ihr Unterbewusstsein gefiltert. Wenn Sie zum ersten Mal direkte Informationen durch

Ihre inneren Sinne empfangen, kann das überraschend intensiv und sehr beeindruckend sein.

Von unseren äußeren Sinnen wissen wir, das sie uns die besten Dienste leisten, wenn sie gut funktionieren und wir uns darauf konzentrieren, was wir tun. Mit Ihren inneren Sinnen kommen Sie am besten in Kontakt, wenn Sie ein wenig träumend nach innen gewandt, aber dennoch wach sind. Wenn Sie sich also in einer ganz leichten Trance befinden. Auch das ist ein hochkonzentrierter Zustand, nur eben woanders hin.

In diesem Zustand kann es Ihnen z.B. möglich sein, von Ihrer Katze in einer Bilderfolge das ganze Leben von Beginn an bis zum Ende zu sehen und dabei deutlich zu fühlen, welche Beziehung Ihre Katze *zu Ihnen* hat.
Es kann Ihnen auch möglich sein, in einen Baum hineinzufühlen und in inneren Bildern dabei zu sehen, wer im Laufe seines Lebens an ihm gesessen hat und wer noch dort sitzen wird.

Sie können in Lebewesen hineinschauen, selbst wenn diese weit entfernt sind, und darin Entzündungen, krankhafte Veränderungen und psychische Zustände wahrnehmen und diese in Ordnung bringen. Sie müssen also das Ei nicht zerbrechen, um zu sehen, was drin ist.
Geistige Heilung geht weit über das bekannte Besprechen von Warzen und Gürtelrose hinaus. Alle mystischen Vorstellungen sind hier fehl am Platze, ich spreche von natürlichen menschlichen Fähigkeiten, die leider (noch) zu oft ignoriert werden.

Zu Ihrer Beruhigung kann ich sagen, dass Sie diese Sinne erst dann bewusst nutzen können, wenn Sie es auf die richtige Art tun. Das heißt, Sie können diese Fähigkeiten nicht missbrauchen, sie funktionieren dann einfach nicht.

Telepathisch sind wir ja sowieso mit allem verbunden, da dies eine Eigenschaft der Grund-Energie ist, aber Sie können diese Verbindungen wahrnehmen lernen. Falls Sie z.B. ein älteres Haus kaufen wollen für Ihre Familie, dann können Sie spüren, was darin geschah und ob dieses Objekt gut für Sie ist.

Durch Fernfühlen ist es Ihnen möglich, die Struktur von Materialien (ein Fell, Fliesen, Stoff usw.) zu fühlen, selbst wenn Sie keinen direkten Kontakt damit haben.

Hellsehen kann Ihnen sicher auch nützlich sein, z.B. wenn Sie Besuch erwarten. Sie können sehen, ob derjenige sich schon auf den Weg gemacht hat und wo er sich gerade befindet.

In manchen Ländern arbeitet die Polizei recht erfolgreich mit Personen zusammen, die verschwundene Dinge und Menschen aufspüren können.

Ihre inneren Sinne können Sie aber auch vor drohenden Gefahren warnen. Für frei lebende Tiere ist es normal, die inneren Sinne zu gebrauchen, deshalb können sie z.B. vor einem drohenden Erdbeben flüchten. Schafe und Ziegen am Ätna flüchten jedes Mal rund 4 bis 6 Stunden vor einem Vulkanausbruch in eine sichere Umgebung. Unterschiedliche Tierarten waren rechtzeitig vor dem Tsunami im Jahre 2004 ins Hochland geflüchtet.

Wissenschaftler erforschen diese Phänomene mit dem Ziel, eine Sensortechnik zu entwickeln, die weltweit zur Frühwarnung eingesetzt werden könnte. Dass unser eigenes menschliches Bewusstsein diese Fähigkeiten auch haben könnte, wird dabei bisher nicht in Betracht gezogen.

Und auch dies möchte ich noch erwähnen. Durch die inneren Sinne ist es Ihnen möglich, Ihr Selbst endlos auszudehnen, um große Gebiete zu umspannen und verstehen zu können. In entgegengesetzter Weise kann sich Ihr Selbst winzig klein zusammenziehen, um andere Bereiche betreten zu können. Es kann Ihnen dann möglich sein, bewusst in das Innere von Materie zu gehen. So können Sie z.B. bei einem Kranken die Fehlentwicklung eines Organs aufspüren und dieses verändern. Seien Sie sicher, in einem solchen Fall wissen Sie genau, was zu tun ist.

Mit Hilfe der inneren Sinne können wir erstaunliche Energien für uns nutzbar machen, so dass physische Gegebenheiten kein Hindernis mehr darstellen. Wir können dann zum Beispiel durch Wände gehen. Die Physik kennt dieses Geschehen im Bereich der Atome. Es kommt relativ häufig vor und wird Quantentunneleffekt genannt. Sozusagen mit 'geborgter' Energie können Teilchen ein Hindernis durchdringen, welches normalerweise undurchdringlich ist, heißt es dazu.

Unsere Fähigkeiten der inneren Sinne werden in der Regel als übersinnlich bezeichnet. Sie gehören aber zu unserem ganz natürlichen Erbe. Wir alle können uns damit vertraut machen, sie gehören ebenso zum Mensch sein wie unsere Augen und Ohren. Das Potenzial unseres Egos wurde und wird nur durch Aberglaube, Ignoranz und Angst beschränkt.

Viele beschäftigen sich heute mit Tierkommunikation, die mit den inneren Sinnen natürlich wunderbar funktioniert. Auf dieselbe Art können wir aber auch mit Menschen sprechen, und das kann sehr gute Gespräche zur Folge haben.

Als Intuition oder als Traum kommen innere Informationen zu uns. Weil wir sie nicht selbst gedacht haben, sind sie uns oft nicht ganz geheuer und wir nehmen sie nicht ernst. Das muss aber nicht so bleiben. Jeder kann lernen, mit seinen inneren Anteilen zu sprechen, denn unser Verstand ist sehr flexibel, er kann sehr wohl mit den äußeren *und* den inneren Informationen zurechtkommen.

Nur schon von den hier genannten Beispielen ausgehend, ist meiner Meinung nach eine weit größere Selbstverwirklichung für jeden einzelnen Menschen möglich, wenn er seine inneren Sinne in das aktive Leben mit einbezieht. Die legendäre Kultur der Sumerer oder Atlantis und der Bau der Pyramiden sind ohne den Gebrauch der inneren Sinne nicht denkbar. Und mir erscheint es glaubhaft, dass große Steinquader mit Hilfe von bestimmten inneren Tönen transportiert und bearbeitet wurden.
Schließlich ist auch Heilung mit inneren Tönen möglich. Es können unter anderem damit Nieren- und Gallensteine aufgelöst werden.

Akzeptieren Sie Ihre inneren Sinne und probieren Sie aus, ob Ihnen etwas damit gelingt. Das bringt Ihnen automatisch mehr Energie, Gesundheit und Gelassenheit. Der Gebrauch Ihrer inneren Talente führt zu größerem Verständnis und einem Gefühl von aktiver Lebensfreude.

Koordinationspunkte

Die Koordinationspunkte sind ebenfalls unbekannte, aber dennoch spürbare Eigenschaften unserer natürliche Umgebung. Ich werde sie hier sinngemäß nach dem Buch *"Gespräche mit Seth, S. 93-97 und S. 426-430"* beschreiben. Es gibt vier absolute Koordinationspunkte und etliche Hauptkoordinationspunkte, die Quellen fantastischer Energie sind. In diesen Punkten überschneiden sich andere Realitäten mit unserer Wirklichkeit. Außerdem gibt es untergeordnete Koordinationspunkte in gewaltigen Mengen. Diese Punkte sind unter anderem die Energielieferanten für die kontinuierliche Schöpfung unserer stofflichen Welt, das heißt, für die Umwandlung von Grund-Energie in Materie.

Unser Raum ist mit den untergeordneten Punkten konzentrierter Energie angefüllt. Sie spielen auch wieder eine entscheidende Rolle bei der Umwandlung unserer Gedanken und Gefühle in physische Materie und Ereignisse. Die Energie dieser Punkte muss aktiviert werden, sonst bleibt sie latent, und sie lässt sich nur auf psychischem Wege aktivieren.

Sobald ein Gedanke oder ein Gefühl eine bestimmte Stärke erreicht, zieht dies automatisch die Energien einer dieser untergeordneten Punkte an und lädt sich damit auf. Damit verstärkt sich seine Intensität enorm und die Umwandlung in die physische Materie wird beschleunigt. Dies gilt für jede Art von Empfindung; nur die Intensität ist entscheidend.
Diese Punkte sind wie unsichtbare Kraftwerke, die zu arbeiten beginnen, sobald ein Gedanke oder Gefühl von ausreichender Intensität in ihre Nähe kommt. Sie verstärken alles, was sie aktiviert, auf völlig neutrale Weise. Starke Liebe und gute Gefühle werden ebenso verstärkt wie heftige Angst und Hass.

Gedanken und Gefühle werden also nach ganz bestimmten Regeln in physische Materie umgewandelt, auch wenn wir diese zur Zeit noch nicht erklären können. Ein echtes Verständnis dafür, dass aus unseren Vorstellungen physische Materie wird, würde enorme Veränderungen in unserer Welt bewirken. Sie haben zuvor gelesen, wie Ihre Gedanken und Gefühle in Zellaktivitäten und in Ereignisse umgewandelt werden. Durch diese Energie-Punkte wird die Materialisierung noch beschleunigt. Letztlich heißt das nichts anderes als: Geist erschafft Materie.

Aufgrund dieser Koordinationspunkte gibt es Orte, an denen Gesundheit und Aktivität besonders gestärkt werden, Pflanzen wachsen und alles gedeiht. Solche Gegenden sind als intensivierte Energie spürbar. Hier sollten Sie besser nicht depressiv veranlagt sein. Im Süden Englands auf der kleinen Insel St. Michaels Mount befindet sich definitiv ein sehr starker Energie-Punkt, den ich einmal kennen lernte.
Versuchen Sie auch einfach mal selbst in Ihrer Wohnung zu erspüren, an welchem Platz Sie sich besonders wohl fühlen, wo Sie aktiver zu sein scheinen. Oder setzen Sie sich mit geschlossenen Augen hin und fragen Sie sich, wo der stärkste Koordinationspunkt in diesem Raum ist. Viele Menschen spüren dann einen inneren Zug in eine bestimmte Richtung. Probieren Sie es aus.

Wenn Sie impulsiv veranlagt sind, ist es umso wichtiger für Sie zu wissen, dass alle Ihre Gedanken und Gefühle physisch real werden können, auch die destruktiven. Sobald sie gedacht sind, treten die Gedanken ihre Reise in die physische Verwirklichung an. Finden Sie die Koordinationspunkte in Ihrer Nähe und nutzen Sie ihre beschleunigende Wirkung für alle Bereiche Ihres Lebens, auch für Ihre Gesundheit.

Sobald ein Gedanke oder Gefühl eine bestimmte Wichtigkeit für uns hat, wird diese mentale Energie durch unsere Zellen und Nerven und durch die zusätzliche Energie der Koordinationspunkte verstärkt und in unsere 'echte' Wirklichkeit projiziert. Wir erfahren das Geschehen dann in unserem Leben. Jedes eingetretene Ereignis *war* einmal wahrscheinlich. Wir selbst stecken immer mittendrin in diesen Prozessen, obwohl wir nicht einmal wissen, dass sie passieren, denn wir haben ein Handicap:

Aufgrund der Beschaffenheit unserer äußeren Sinne sehen und erleben wir immer nur das materielle End-Ergebnis dieser Prozesse und nicht ihre Ursache. Wir reagieren also ständig auf das, was wir selbst erschaffen haben. Dadurch glauben wir an eine physische Wirklichkeit, die von uns getrennt existiert, die Fakt ist und nicht so leicht veränderbar. Von unserem Standpunkt aus scheint das logisch zu sein, denn wir schauen ja von außen auf das Ergebnis.

Unser Ego-Bewusstsein hatte sich ja tatsächlich einst dadurch entwickelt, dass es sich von den eigentlichen geistigen Vorgängen abgegrenzt hat, um 'seine' Realität von einer objektiven Position her betrachten zu können.

Mensch sein ist aber mehr. Zu Ihrem äußeren Ego an vorderster Front im täglichen Leben gehört auch Ihr inneres Ego. Mit beiden zusammen wird Ihnen die geistige Tiefe und Sinnhaftigkeit Ihrer Existenz erkennbar.

Falls Hemmungen, Blockaden und Ängste durch diese natürlichen Hilfsmittel verstärkt werden, so hat dies den Sinn, den Menschen dazu zu bringen, endlich etwas gegen ihre Ursachen zu tun. Leider bewegen sich nämlich heute die meisten Menschen erst dann zu ihrem Vorteil, wenn eine wirklich große Notwendigkeit dafür besteht.

Es ist nicht verwunderlich, dass die natürlichen Mechanismen sämtlich mit unseren Gedanken und Gefühlen zu tun haben, denn unser ganzes Universum ist die physische Verkörperung bewusster, mentaler und emotionaler Energie.

Unsere großen Weltreligionen wurden stets an einem Hauptkoordinationspunkt gegründet. Wo einerseits bahnbrechende psychische Veränderungen stattfinden können, die große Teile der Menschheit mehr als Tausend Jahre in ihren Bann ziehen, da können sich auch Hass und Streitigkeiten sehr lange halten. So lange, bis sich endlich eine ebenso leidenschaftliche Vernunft und eine große Liebe zum Frieden durchsetzen kann.

Überall in unserem Leben ist unsere Achtsamkeit, unser Verstand und unser logisches Denken gefragt, um die liebenswerten Dinge zu erkennen und andere, wenn nötig, wieder in Ordnung zu bringen.

Wahrscheinlichkeiten

Ich hatte beschrieben, wie die inneren Absichten unserer Gedanken und Gefühle unsere Lebenserfahrungen erschaffen, auf die wir dann reagieren. Das, was wir für die ganze Realität halten, ist jedoch nur *ein* Aspekt der gesamten Wirklichkeit. Mit unseren Gedanken und Gefühlen erzeugen wir nämlich ebenso automatisch wahrscheinliche Wirklichkeiten, von denen jede einzelne wiederum für uns tatsächliche Wirklichkeit sein könnte.

Nehmen wir an, Sie wollen morgens aus dem Haus gehen, überlegen es sich aber dann und bleiben doch zu Hause. Dann sind zwei Wahrscheinlichkeiten entstanden, von denen Sie eine für sich als real akzeptiert haben. Die andere wird, für Sie unmerklich, zu einer wahrscheinlichen Wirklichkeit, die ebenfalls weiterläuft und eine potentielle Möglichkeit für Sie bildet. Falls Sie zu einer anderen Zeit aus dem Haus gehen wollen, dann werden Sie die bereits vorhandene Wahrscheinlichkeit ein Stück weit nutzen.

Jeder Mensch hat seine eigene Bedeutung im Universum. Jeder Gedanke prägt innere Energie, die sich exakt danach ausrichtet und nicht etwa anders. Mit unserer persönlichen Art und Weise, das Leben anzugehen, mit unseren Vorlieben und Abneigungen prägen wir der inneren Energie unseren Stempel auf. Und *alles*, was für uns denkbar ist, *kann* für uns Wirklichkeit sein – und niemals etwas anderes.

Solche Wahrscheinlichkeiten entsprechen vermutlich den Überlagerungszuständen in der Viele-Welten-Theorie der Quantenphysik. Nach dieser Theorie spaltet sich das Universum bei jeder Alternative auf und verwirklicht somit alle Möglichkeiten. Und niemand, der sich in einer der möglichen Welten befindet, kann die anderen Möglichkeiten physisch wahrnehmen.

Dieses Denkmodell der Quantenphysik wird mittlerweile in der Wissenschaft als glaubhaft betrachtet, weil damit viele bisher ungelöste Fragen eine Antwort finden. Ich bin schon gespannt auf die weiteren Erkenntnisse der Forschung.

Wie Sie unschwer erkennen können, ist das physisch leider nicht beweisbar, denn wir befinden uns körperlich immer nur in einer Welt. Wir bemerken kein Hinübergleiten von einer Wahrscheinlichkeit in die andere, sondern wir sind hier *oder* da *oder* dort.

Psychisch ist die Sache anders, denn unsere Erinnerung kann die Gesamterinnerung unserer Seele umfassen. Das heißt, wir können alle Abzweigungen, die wir genommen haben, nämlich all unsere Wahrscheinlichkeiten, und noch viel mehr, erinnern. Diese Erinnerungen sind wie lebendige Fußstapfen im Sand, wir können geistig auf diesen Spuren laufen und z.B. verstehen, warum wir diese oder jene Entscheidung getroffen haben, warum wir uns Dieses oder Jenes haben gefallen lassen.

Da alle geistigen Dinge in einer geräumigen Gegenwart simultan geschehen, sind sie für unser Bewusstsein jederzeit erreichbar. Wir haben damit die Möglichkeit, alte Ereignisse, die sich negativ auf unser jetziges Leben auswirken, geistig zu verändern, wodurch wir eine andere Wahrscheinlichkeit 'betreten', sodass jetzt eine andere psychische und physische Wirklichkeit für uns real ist. Genau das geschieht z.B. beim Auflösen von traumatischen Erfahrungen.

Ich beschreibe Ihnen hier nichts Ungewöhnliches, denn wenn Sie in Ihrem täglichen Leben einen Fehler gemacht haben, können Sie Ihren Fehler korrigieren. Dazu gehört auch, dass Sie sich vielleicht entschuldigen oder aber jemanden für dessen Verhalten zurechtweisen. - Wie auch immer.

Die Möglichkeit, die Dinge wieder in Ordnung zu bringen, bedeutet für den Menschen, *dass er lernen kann*, mit Hilfe seines Verstandes und seines freien Willens sinnvoll mit Energie umzugehen. Diese Möglichkeit der Korrektur ist immer vorhanden, auch wenn sehr viel physische Zeit vergangen ist oder vielleicht sogar einer der Beteiligten verstorben ist.

Und genau deshalb können wir mit unserem Bewusstsein sogar uralte Ereignisse verändern und unser gegenwärtiges Leben wieder in Ordnung bringen. – Und das ist nicht nur eine schöne Vorstellung, sondern erfahrbare Wirklichkeit.

Jetzt stellen Sie sich einfach mal vor, dass Ihre Wirklichkeit viel flexibler und formbarer ist, als Sie das normalerweise von ihr denken. Sie ist es nämlich tatsächlich. Die Gegenwart ist Ihr Kraftpunkt, denn alle natürlichen Mechanismen reagieren spontan in diesem Moment. Nicht gestern oder morgen, sondern hier und jetzt. Von diesem Moment aus verändern Sie Ihre Wirklichkeit, indem Sie bewusst mit Ihren Gedanken die Energien modifizieren, die zu Ihrer Wirklichkeit werden. Und erschrecken Sie nicht, wenn manches sofort passiert.

Ich behaupte hier einfach mal, das niemand sich wirklich vorstellen kann, dass jeder seiner Gedanken sich sofort verwirklicht. Überlegen Sie selbst, was Sie so alles an einem ganz normalen Tag denken. Sollte das vielleicht Ihre Wirklichkeit sein?

Und dennoch geschieht es. Jeder unserer Gedanken verwirklicht sich automatisch in einer nicht fassbaren energetischen Art, so dass wir ständig von einer riesigen Menge von wahrscheinlichen Wirklichkeiten umgeben sind, von denen *jede für uns erfahrbar* ist. Alles ist latent als Wahrscheinlichkeit vorhanden – noch nicht physisch, aber jederzeit umwandelbar. Da wir ständig denken und empfinden, schwimmen wir sozusagen durch unsere Wahrscheinlichkeiten, wie Fische durchs Wasser.

Aus jedem neuen Gedanken, jeder neuen Absicht entsteht eine neue Wahrscheinlichkeit, die uns in eine neue Richtung führt. Insofern *wählen* wir ständig, leider ohne es bewusst zu wissen, aus dem Strauß unserer eigenen gedachten Möglichkeiten aus, was uns geschieht. Eine starke Emotion z.B. Freude oder Angst macht aus einer Wahrscheinlichkeit *im allerletzten Moment* echte, von uns erfahrbare Wirklichkeit. Wir erleben immer nur ein Resultat und wissen in der Regel nicht, dass es überhaupt andere Möglichkeiten gab, die für uns ebenso gültig hätten sein können.

Unser Bewusstsein nimmt von einem größeren Wirklichkeitsbereich nur bestimmte Teile wahr. Was wir nicht als Realität anerkennen, nehmen wir nicht wahr. Mit Angst erfahren wir somit eine andere Wirklichkeit als ohne Angst. Die Entscheidungen für unsere Erfahrungen treffen wir selbst (bewusst und unbewusst).

Sie können es vielleicht akzeptieren, wenn Sie keinen Parkplatz finden. Sie können das aber auch ablehnen und sich sehnlichst wünschen, doch jetzt den einzig nötigen Platz zu bekommen!! Und wenn Sie dann gerade entmutigt den Platz verlassen wollen, fährt ein Fahrzeug vor Ihnen heraus und macht Ihnen einen Parkplatz frei. Yeah !!

Wenn Sie wissen, dass Sie Ihre Erfahrungen in diesem Moment gestalten, und Ihr Denken besser kennen, dann können Sie eine in jeder Hinsicht bessere Auswahl treffen. Sollte etwas nicht funktionieren, hat das nichts mit Moral, sondern mit dem kleinen Zweifel zu tun, der Sie in eine andere Richtung treibt. Dasselbe gilt natürlich auch für Ihre Gesundheit. Erfahrungen, die Ihnen nicht gefallen, können am nachhaltigsten durch die Veränderung Ihrer eigenen Gedanken und Gefühle verändert werden.

Unsere Vorstellung vom Raum und von der Zeit, die nacheinander vergeht, ist nur aufgrund unserer Sichtweise als Mensch gültig. Während wir es im praktischen Leben mit Raum und Zeit im vertrauten Sinne zu tun haben, findet im geistigen Universum oder Grund-Universum alles in einer umfassenden Gegenwart gleichzeitig statt. Folglich müssen wir uns fragen, "Wann findet die Ursache und wann die Wirkung statt, wenn alles simultan abläuft in unendlich vielen Variationen?" Das mag vielleicht verwirrend sein, doch denken Sie diesen Gedanken zu Ende, dann wird es klarer.

Vielleicht können Sie sich hilfsweise ein großes Meer vorstellen, in dem alles Gedachte aus allen Zeiten jetzt vorhanden ist. Sie sind Angler und befinden sich in einem Boot, das durch Ihre Gedanken und Gefühle sicher übers Meer getragen wird. Alles, was Sie angeln, wird zu Ihrer echten Lebenserfahrung.
Als erfahrener Angler wissen Sie genau, in welchem Gebiet Sie Ihre besten Erlebnisse angeln können. Sie erinnern sich aber noch gut daran, als Sie Angst hatten, Ihren Job zu verlieren, und das Boot Sie dahin brachte, wo es diese ungenießbaren Meeresungeheuer gab. Sie haben daraus gelernt und mittlerweile macht Ihnen die Gedankensteuerung sogar richtig Spaß.

In dieser umfassenden Gegenwart, in diesem großen Meer existieren auch alle Inkarnationen jetzt. Jeder von uns ist durch seine Seele mit all den anderen Leben verbunden, ähnlich wie Geschwister durch ihre Eltern miteinander verbunden sind. Und jedes andere Leben ist eine eigenständige Ego-Persönlichkeit. Ebenso wie uns in unserem Leben mit unseren Geschwistern mehr oder weniger verbindet, so gibt es auch zwischen den Inkarnationen enge Verbindungen oder weniger enge. Aber alle Fähigkeiten der Inkarnationen insgesamt stehen jedem zur Verfügung.

Wir können mit unserem Bewusstsein ihren geistigen Fußstapfen im Sand folgen und sie befragen, wenn wir das möchten. Für mich sind die mir bekannten Inkarnationen wie ein vertrauter Freundeskreis. Wir können uns mit unseren Kenntnissen gegenseitig behilflich sein. Ein persönliches Beispiel, allerdings verkürzt dargestellt, kann hier verdeutlichen, was ich meine.

Nach zwei traumatischen Kindheitserlebnissen mit dem Meer, konnte ich bis zum Sommer 2002 nur mit Luftmatratze schwimmen gehen. Ich musste sie in tieferem Wasser immer dabei haben, denn durch Helligkeit oder Schatten im Wasser wurde ich starr vor Angst und wäre ohne die Luftmatratze untergegangen. Eines Tages war meine Matratze defekt und ich lag etwas unglücklich im sonnigen Süden am Strand. Und dann hatte ich eine Idee.
Ich bat meine Inkarnation, einen jungen Mann aus der Karibik, um Hilfe, da ich wusste, dass er ein guter Schwimmer ist. Er zeigte mir in inneren Bildern in einem wunderschönen See mit Wasserfall und Insel alles, was mit Wasser möglich ist. Er sprang vom Felsen, tauchte durch den See, ging hinter und durch den Wasserfall und so weiter. Zuletzt stand er bauchtief im Wasser, ließ die Hände durchs Wasser gleiten, breitete die Arme aus mit den Handflächen nach oben, schaute mich an und sagte: "Das Wasser ist doch dein Freund."

Mein Erlebnis da am Strand war sehr beeindruckend und führte dazu, dass ich seitdem ohne Zubehör schwimmen kann. Wenn ganz zu Beginn ein Paar Mal noch die Angst aufkam, dann kam sofort dieser Satz von innen und eine wunderbare Ruhe, so dass ich weiterschwimmen konnte.

Resümee

Wir sollten uns verabschieden von einem Menschenbild, nach dem jeder seinem Schicksal und seinen Genen hilflos ausgeliefert ist. Mensch sein ist so viel mehr, als wir in unseren Geschichtsbüchern lesen können.
Als einzigartiges Bewusstsein können Sie damit beginnen, schon mal die Verantwortung für sich und Ihr Tun zu übernehmen. Üben Sie, Ihrem eigenen Urteil zu vertrauen, und handeln Sie danach. Mir scheint dies eine gute Voraussetzung für die Zukunft zu sein.

Schauen Sie sich die großartigen Leistungen von Menschen an, die Wunder in der Welt in so vielen Bereichen, auch in Musik, Sport, Architektur und Lebenskunst; erkennen Sie die Hilfsbereitschaft und das Mitgefühl. An diesen Dingen zeigen sich unsere wahren Fähigkeiten. Mutige, integere Menschen können sinnvolle Veränderungen in die Wege leiten, die vorher niemand für möglich gehalten hätte. Liebevolle Unterstützung hilft Kindern und Erwachsenen, ihren Weg zu einem erfüllenden Leben finden.

Das menschliche Dasein hat so viele Facetten. Es ist Ihr ganz persönliches Abenteuer, hier zu sein, und gleichzeitig sind Sie an einem gigantischen Gemeinschaftsunternehmen beteiligt. Mit der Wahl Ihrer leiblichen Familie und Ihrer Bewusstseinsfamilie haben Sie sich eine Basis für Ihre Entwicklung geschaffen. Schauen Sie sich an, welche Schwächen und welche Stärken Ihnen daraus erwachsen sind. Falls Sie etwas verändern möchten, experimentieren Sie damit. Denn (fast) alles ist veränderbar.

Verfolgen Sie Ihre guten Ziele, bis sie erreicht sind. Egal, ob es dabei um Gesundheit, ein Bauvorhaben oder eine Ausbildung geht. Die Koordinationspunkte und die Auswahl der richtigen Wahrscheinlichkeit lassen es Realität werden. In der geistigen Welt, Sie können auch im Himmel sagen, jedenfalls an diesem unsichtbaren Ort ist alles Wissen der Welt vorhanden. Und auf Ihren Wunsch hin werden dort alle denkbaren Verbindungen geknüpft, um auch die skurrilste Wahrscheinlichkeit zu verwirklichen, wenn sie von Herzen gewünscht wird.

Gott, wie auch immer wir uns dieses unvorstellbare Wesen vorstellen, ist in all seinen Schöpfungen verborgen, denn alles besteht aus derselben göttlichen Energie, und alles existiert und entwickelt sich weiter nach den grundlegenden Prinzipien in unvorhersagbarer Weise. Jeder von uns trägt auf seine Weise zur eigenen und zur gemeinsamen Entwicklung bei. Diese gigantische göttliche Energie entwickelt sich durch unsere Entwicklung auch selbst weiter. Nichts ist vollendet, alles ist im werden.

Wenn wir spüren, dass alles irgendwie zusammengehört, dann erkennen wir auch: Wer andere verletzt, verletzt sich selbst. Und deshalb ist es gut, dass wir jederzeit all unsere Fehler wieder ausgleichen können. 'Learning by doing am eigenen Leib' ist eine sehr effektive Lernmethode, wenn man weiß, dass es eine solche ist.

Bestehend aus göttlichem Stoff lernen wir Menschen, diesen Stoff zu verstehen und zu handhaben. Mit Verstand und freiem Willen können wir anfangen, uns und unseren Fähigkeiten zu vertrauen. Wir können aber auch unsere Augen davor verschließen.

Das Universum ist anders

Wie wir es aus den großen Religionen kennen, werden wir Menschen geistig weiterleben, obwohl es einen körperlichen Tod für uns geben wird. Das geschieht, weil unser Fokus auf das körperliche Leben ebenso der Veränderung unterliegt wie alles andere. Wir haben unser Bewusstsein konzentriert und in die materielle Welt projiziert. Nachdem wir unsere körperlichen Erfahrungen gemacht haben, ziehen wir es wieder davon ab.

Automatisch wird von unserer Ego-Persönlichkeit mit all ihren Erfahrungen eine spezielle Energiegestalt geschaffen. Sie existiert auch nach unserem Tode individuell und bewusst weiter. Nichts geht je verloren. Gleichzeitig entwickelt sich diese Substanz, die wir sind, weiter. Wir entwickeln uns ständig weiter, und bleiben dennoch, was wir waren: ein individualisierter Energie-Persönlichkeitskern.

Die menschliche Existenz ist schon derart komplex, dass uns noch viele Schritte bleiben, bis wir sie verstehen. Unser Universum ist um ein Vielfaches komplexer, was das Verstehen nicht gerade einfacher macht.

In unserem Universum sind wir sicher nicht die einzige Art von Wirklichkeit, davon können wir ausgehen. In und um uns herum befinden sich, für uns unsichtbar, viele unterschiedliche physische und geistige Realitäten. Unter den physischen Realitäten werden vermutlich solche mit einer dichteren Materie als unsere sein und solche mit einer weniger dichten Materie. Möglicherweise gibt es auch völlig masselose Realitäten, und viele unterschiedliche geistige. Und irgendwo haben vielleicht Echsenwesen das Sagen und nicht der Mensch.

Dinge und Wesen, die nicht physisch sind, durchdringen und umgeben uns. Sie befinden sich an derselben Stelle wie wir, und dennoch bemerken wir sie normalerweise nicht. Geübte können mit ihren inneren Augen sehen, wenn *mehr* als die körperlich anwesenden Personen im Zimmer sind. Sie können auch an entsprechenden Plätzen sehen und erleben, wo ein Unfall geschah oder im Krieg eine Bombe fiel.

Sie sollten genau wissen, was Sie tun, und eine ausgeglichene Psyche haben, um bewusst soviel Wahrnehmung zulassen zu können. All das ist durch bestimmte Energiefeldgrenzen von uns getrennt und befindet sich daher üblicherweise außerhalb der Wahrnehmung unserer physischen Sinne und Messgeräte.

Unser Universum wird nicht sterben, in der Art, wie sich die Wissenschaft derzeit ein Ende vorstellt. Wie und wann begann unser Universum, wie und wann hört es auf, zu sein? Es kommt mir vor, als ob versucht würde, einen Pudding mit einer Statistik zu erklären. Wir wissen wirklich noch viel zu wenig.

Unser Universum wird, ähnlich wie wir selbst, getragen und unterstützt von natürlichen Mechanismen und Helfern, woraus sich letztlich unvorhersehbare physische Entwicklungen ergeben können, die für uns heute noch nicht vorstellbar sind.

Öffnen wir also unseren Blick aus einer ganz anderen Perspektive auf unser kostbares Universum. Ich möchte hier versuchen, Ihnen ein Bild von einem Phänomen aufzuzeigen, das meinem eigenen Verständnis sehr viel abverlangt. Vielleicht wissen Sie aber sofort, was ich meine. Versuchen wir es.

Ein Schöpfungsakt

Stellen Sie sich jetzt bitte eine innere Welt vitaler Energie vor, eine unbeschreibbare Energiegestalt. Wir können sie Gott oder auch Alles-was-ist nennen. Sie erzeugt aus sich selbst heraus alle Realitäten und unzählige Wesenheiten. Gott oder die innere Vitalität ist die Grundlage von Allem. Jedes Quäntchen Energie davon ist sich selbst bewusst und voller Liebe. Es gibt somit keine unpersönliche Energie, sie ist immer individualisiert. Diese Energie erneuert und erhält sich selbst und sie vermehrt sich durch ihren Gebrauch.

Alles-was-ist besteht aus Energie, deren Eigenschaften wir die Prinzipien der inneren, geistigen Welt nennen können. In allen Realitäten werden diese Prinzipien immer ausgedrückt, jeweils in der dort möglichen Weise. Sie gelten somit für alle Realitäten, während unsere Naturgesetze nur in unserer materiellen Welt Gültigkeit haben. Aus der inneren Welt ist auch unser materielles Universum hervorgegangen. Diese Themen werden an mehreren Stellen in den Seth-Büchern *"Die frühen Sitzungen, Band 2 und Band 3"* beschrieben. In diesem Sinne versuche ich hier, die Geburt des materiellen Universums symbolisch darzustellen.

Ein unvorstellbares Sehnen und Drängen der in der inneren Vitalität enthaltenen geistigen Möglichkeiten schuf den Wunsch und die ersten Bedingungen für eine Welt physischer Materie. In ihr wollte sich diese innere, göttliche, bewusste Energiegestalt materiell ausdrücken. Das physische Feld wurde vorbereitet. Der unbändige Wunsch, *zu sein*, führte schließlich zu einem spontanen Schöpfungsakt, der mit Hilfe einer nicht vorstellbar großen Energiemenge unser Universum hervorbrachte.

Diese Schöpfung kann sehr gut mit dem Urknall gleichgesetzt werden, den viele Physiker beschreiben, und der sich offenbar zu Beginn viel schneller vollzog, als es Materie je könnte, die ja auf die Lichtgeschwindigkeit begrenzt ist. Man sagt, dass sich auch der Raum selbst mitbewegt habe, deshalb sei die größere Geschwindigkeit möglich gewesen. Doch gehört der Raum nicht ebenfalls zum stofflichen Universum? Jedenfalls muss etwas erheblich Schnelleres und somit nichts Materielles zu diesem Ereignis geführt haben.

Alles-was-ist war emotional stark motiviert, diese materielle Welt in Gang zu setzen, um eine neuartige Ebene für den Ausdruck des göttlichen Stoffs zu erschaffen. Diese grundlegende Innerlichkeit ist die Energiequelle hinter unserer physischen Welt, auf ähnliche Weise wie unsere Seele die Energiequelle hinter uns ist.

Nun hat dieser Schöpfungsakt nicht nur einmal stattgefunden, so dass sich die Energie jetzt nur noch verbraucht, sondern unsere Welt wird kontinuierlich erschaffen, und zwar immer als eine leicht andere Variation. Ein solcher Gedanke ist für unser Verständnis eine ziemlich große Herausforderung, da wir stets von *einem* Anfang und *einem* Ende ausgehen. Das wiederum macht aber nur Sinn für eine einzige linear ablaufende Welt.
Unsere ganze stoffliche Welt ist jedoch der spontane materielle Ausdruck der inneren Vitalität, die sich keinesfalls linear verhält, sondern aus dem Augenblick heraus gleichzeitig in alle Richtungen hin entsteht.

Wenn wir jetzt noch versuchen, uns die gigantischen Energiemengen vorzustellen, die bewusst umgewandelt und in Bewegung gesetzt werden, um unserer Universums mit seinen immensen Ausmaßen zu erschaffen, dann wird es unmöglich, sich die Gewalt eines solchen Schöpfungsaktes vorzustellen.

Hilfsweise können wir uns vorstellen, dass wir ein Teil von unendlich vielen verschiedenen Perspektiven sind, von denen uns die anderen einfach nicht bewusst sind, ähnlich wie es bei den Wahrscheinlichkeiten beschrieben ist. Wir selbst sind vermutlich in unterschiedlicher Weise in mehr Dimensionen zu Hause, als wir vermuten können.

Vielleicht ist die uns bekannte Welt nur ein winziges Segment eines Blütenblattes, während die gigantische lebendige Blume in voller Pracht existiert, und unsere Entwicklung trägt zur Entwicklung der ganzen Blume bei.

In Bezug auf die riesigen Energiemengen können wir uns, ähnlich wie bei den Koordinationspunkten, die Funktion der schwarzen Löcher auch als Energiebeschleuniger und –umwandler vorstellen, durch die Energie aus unserem Universum hinausfließt und an anderer Stelle z.B. in einem weißen Loch wieder erneuert und aufgeladen in unser System hineinströmt. Vermutlich gibt es auch noch viele andere Löcher, die bisher noch nicht entdeckt wurden.

Eine Einheit von drei Welten

Falls Sie mögen, können Sie sich in diesem Abschnitt vorstellen, dass Sie, wie die Astronauten in der ISS, von dort auf unsere Erde schauen. Sie können sich in Gedanken auch noch etwas weiter fortbewegen und von außen auf unser Universum schauen. Einen solchen außergewöhnlichen Anblick möchte ich hier sinngemäß nach dem Seth-Buch *"Die frühen Sitzungen, Band 3, S. 162-178"* beschreiben.

Wenn Sie von außerhalb auf unser Universum schauen könnten, würden Sie eine Einheit von drei Welten sehen, die sich alle gegenseitig in psychischer, chemischer und energetischer Hinsicht beeinflussen. Zu diesem dreifachen System gehört die Welt der Materie, der Antimaterie und die Traumwelt. Sie sind alle in nicht sichtbarer Weise miteinander verwoben, sie durchdringen einander, und sie sind voneinander abhängig. Obwohl ihre Grundbedingungen vollkommen unterschiedlich sind, wirken sie gegenseitig aufeinander ein, und sie füllen sich gegenseitig mit Energie auf.
Ereignisse, die in der materiellen Welt stattfinden, haben ihre Auswirkungen sowohl in der Traumwelt als auch in der Welt der Antimaterie. Jede dieser drei Welten benötigt die anderen für ihre Existenz, so gewiss, wie wir Menschen atmen und essen müssen.

Aus eigener Erfahrung kann vermutlich jeder bestätigen, dass wir es mehr oder weniger körperlich, chemisch und psychisch spüren können, wenn wir träumen. Wobei die Intensität sich natürlich nach der Qualität der Träume richtet. Unser Körper könnte ohne Träume gar nicht überleben. Und auch Ihre Blumen träumen.

Antimaterie wurde inzwischen erfolgreich aufgespürt, dazu sind die Theorien der Forscher bisher noch unklar. Unsere Traumwelt wird jedoch noch nicht mit unserem Universum in Verbindung gebracht. Träume werden zwar nicht mehr einem Vitaminmangel zugeschrieben, sie werden allerdings in der Regel auch leider nicht besonders ernst genommen.

Mit dem Erscheinen unseres materiellen Universums wurde auch die Zeit geboren, die es aus unserem Blickwinkel ermöglicht, Ursache und Wirkung zu erkennen. Das gibt uns Gelegenheit, aus unserem Tun zu lernen. Die Entwicklung der inneren Vitalität findet dagegen in einer umfassenden Gegenwart statt, die alle Schöpfung beinhaltet und weiterführt. In ihr ereignet sich simultan alles, was wir unter Vergangenheit, Gegenwart und Zukunft verstehen. Geistig ist all das jederzeit zugänglich, wie ich es zuvor bereits beschrieben habe.

Schöpfung geschieht kontinuierlich, so dass ständig Neues entsteht. Was einmal begonnen hat, wird niemals enden, und nichts ist vorherbestimmt. In diesem Sinne können wir uns noch einmal das dreifache System unseres Universums anschauen.

So wie unsere Seele auf uns ein Auge hat, so ist unser Universum umgeben von psychischen Energiegestalten, die derzeit keine weiteren Felder aufnehmen. Wenn *sie* sich jedoch weiter entwickeln, sind sie in der Lage, mehr Dinge simultan zu handhaben. Dann könnten sie noch andere Energieformen anziehen und unser Universum zum Beispiel mit weiteren Feldern zu einem größeren System erweitern. Insofern können hier noch völlig unerwartete Entwicklungen stattfinden.

Wie dann unser Universum aussehen könnte und was das für uns als Menschen letztlich bedeutet, vermag ich mir nicht vorzustellen.

Mir ist allerdings sehr bewusst, dass wir Menschen nicht zufällig entstanden sind, sondern aus eigener Verantwortung hier sind, ausgestattet mit Erkenntnisfähigkeit und einem freien Willen. Jeder kann sich als ein sehr spezielles Individuum in einem hochmotivierten, liebevollen Schöpfungsprozess betrachten, in dem wir lernen, mit Energien umzugehen.

Von unseren Voraussetzungen her sind wir alle in der Lage, diese Erde zu einem lebensfreundlichen Ort mit gesunden, liebenswerten Menschen zu machen. Fangen wir doch einfach damit an. Ganz sicher werden wir uns dabei nicht langweilen, denn auch unsere Kreativität wächst durch unsere Anforderungen.

Die Prinzipien des Grund-Universums

In diesem Abschnitt beschreibe ich die elf Prinzipien des Grund-Universums sinngemäß nach den Seth-Büchern *"Die frühen Sitzungen, Band 1 und Band 2"* so, wie wir sie in unserem Alltag erkennen können. Das Grund-Universum ist bewusste, geistige Energie, die Gott, innere Vitalität oder auch Alles-was-ist genannt werden kann. Absichtlich verwende ich verschiedene Begriffe, um jenen, die nicht explizit an einen Gott glauben, eine andere Idee für diese unvorstellbare Energie zu vermitteln, aus der alles besteht.

Diese gigantische Energie erzeugt aus sich selbst heraus alle Realitäten nach ganz bestimmten Prinzipien. Die der Energie innewohnenden Eigenschaften und Fähigkeiten sind folglich für alle möglichen Realitäten gültig und für jedes Bewusstsein, während unsere Naturgesetze sich lediglich auf unser materielles Universum beziehen, jedoch keinesfalls auf unseren Geist.

Das ununterbrochene simultane Zusammenwirken dieser Prinzipien (falls sie vollständig sind) bewirkt ein funktionierendes Grund-Universum, von dem u.a. auch das ganze System unseres physischen Universums hervorgebracht wird. Hierbei wird Energie kontinuierlich in die Materie umgewandelt. Diese sich selbst erzeugende und selbst erhaltende Energie kann in unserem Sinne durchaus als unendlich bezeichnet werden. Durch die Eigenschaften und Fähigkeiten der inneren Energie sind alle Entwicklungen unvorhersagbar möglich. Unsere inneren Sinne arbeiten nach diesen Prinzipien. Nichts ist vorherbestimmt, denn der freie Wille ist immer vorhanden.

In unserer Welt drücken sich diese Prinzipien auf spezielle Weise aus. Wenn wir hinschauen, können wir erleben, wie alles leicht und super läuft, sobald wir uns nach diesen Prinzipien verhalten. Andererseits scheinen wir gegen unsichtbare Wände zu kämpfen, wenn wir uns dagegen verhalten.
Durch Achtsamkeit können wir unseren inneren Kompass wieder aktivieren.

Die Kenntnis dieser Prinzipien und ihrer Funktionsweisen scheint mir dazu geeignet, unser komplexes Dasein, auch in psychischer Hinsicht, sehr viel besser zu verstehen. Denn schließlich bestehen wir ja aus dieser Energie, wie auch die gesamte Natur und unser ganzes Universum.

Die Haupteigenschaft aller Energie ist *der unbändige Wunsch zu sein*. Dieses Prinzip hat unser Universum ins Leben gerufen. Es ist der Impetus für jeden Ausdruck, in welcher Form auch immer. Es entspricht unserem Überlebenstrieb, der bei uns allen mehr oder weniger stark ausgeprägt ist.

Bewusstsein ist eine weitere Eigenschaft von Energie. Es drückt sich stets in irgendeiner Form aus, die aber nicht unbedingt materiell sein muss. Ein Gedanke oder ein Gefühl ist z.B. auch ein Ausdruck des Bewusstseins. Bewusstsein enthält konzentriertes Wissen, verfügt über Selbst-Wahrnehmung und will sich immer selbst verstehen. Daher kommt unser natürliches Interesse an allen Dingen.

Ein weiteres Prinzip ist die *Schöpfung*. Sie geschieht kontinuierlich, zeigt sich durch Neues, was zuvor nicht da war. Wir können unsere Kreativität in jeder Hinsicht und all unsere Entwicklungen in technischer, geistiger und spiritueller Hinsicht als unsere Schöpfungen betrachten.

Durch die Eigenschaft der *Energie-Umwandlung* entsteht unsere ganze materielle Welt. Ebenso materialisieren sich die mentale und emotionale Energie von Gedanken und Gefühlen kontinuierlich in physische Konstruktionen und Ereignisse. Auch unser Stoffwechsel, unsere Jahreszeiten und sogar Geburt und Tod sind Ausdruck dieser Energie-Umwandlung in unserer Welt.

Das Prinzip der *Wert-Erfüllung* führt zum optimalen Ausdrücken des inneren Zwecks. Das heißt, unsere innere Absicht, auch die unbewusste, erfüllt sich auf bestmögliche Weise und wird in unserem Leben ausgedrückt. Unser Wachstum, unsere Entwicklung in den verschiedenen Inkarnationen und die Evolution, alles geschieht im Sinne von Wert-Erfüllung. Diese Erfüllung ist neutral.

Spontaneität ist eine weitere Eigenschaft der Energie. Ihr entspricht unser intuitives Handeln, wenn wir den Impulsen unseres inneren Selbst folgen und dadurch z.B. einem Unwetter entgehen. Unsere Zellen reagieren spontan und verändern dadurch spontan die Materie unseres Körpers. Das bemerken Sie deutlich, wenn Sie sich erschrecken. Alle inneren Vorgänge und die Kommunikation sind ohne Spontaneität nicht denkbar.

Ein intellektueller Leckerbissen ist vermutlich dieses Prinzip für Sie: die *Dauerhaftigkeit in der umfassenden Gegenwart*. Während diese spontan existiert, ereignen sich simultan Vergangenheit, Gegenwart und Zukunft. Für uns bedeutet dies, dass wir mit unserem Geist alle Zeiten jetzt erreichen können. Dieses Prinzip impliziert auch, dass alles dauerhaft vorhanden ist, beispielsweise auch Atlantis und die Dinosaurier und ebenso unsere Erde im Jahre 2.100.

Kooperation ist ebenfalls ein sehr mächtiges Prinzip, eine wichtige Grundlage unseres Universums. Sie ist ganz praktisch notwendig für die Erhaltung unseres Körpers, denn nur wenn die Zellen und Organe zusammenarbeiten, ist er gesund. Das gilt natürlich auch für alle anderen Bereiche unseres Lebens, der gesamten Natur und unseres Universums. Entweder haben wir Zusammenarbeit oder Untergang.

Kein Problem kann auf Kosten anderer oder durch Krieg beseitigt werden, sondern nur durch Kommunikation und Kooperation. Das erfahren wir solange, bis wir es verstanden haben. Da Bewusstheit das Ziel ist, bleibt niemand ewig unwissend.

Ein weiteres Prinzip der Energie ist die *Fähigkeit zur unbegrenzten Beweglichkeit*. Energie kann sich in der umfassenden Gegenwart spontan überall hin bewegen und Energie kann sich grenzenlos ausdehnen und zusammenziehen. Für uns bedeutet es, dass wir mit unserem Geist unendlich frei und beweglich sind, denn diese Fähigkeit ist ja in allem enthalten. Wir sind so ausgerüstet, dass wir ganz bewusst zum Beispiel Beziehungen zu unseren Inkarnationen aufnehmen, mit Verstorbenen kommunizieren und das Wissen der Welt erfahren können. Und genau deshalb funktioniert es auch.

Ein weiteres Prinzip ist die *Fähigkeit zur unendlichen Veränderung und Umwandlung*. Es bedeutet, dass Energie jedes Muster annehmen kann. Jede kleinste Energie-Einheit und somit auch jedes Molekül und jede Zelle enthält in kondensierter Form das Wissen über alle Eigenschaften der inneren Vitalität. Für uns heißt dies praktisch, dass sich aus einer Zelle z.B. ein Ohr, Arm oder etwas ganz anderes bilden kann. Die Wissenschaft hat dies bereits erkannt und experimentiert damit.
Dieses Prinzip ist auch die Grundlage für jede Heilung, da es die spontane Veränderung von Zellen nicht nur ermöglicht, sondern diese selbstverständlich macht.

Insgesamt entwickelt sich offenbar unser ganzes Sein in Richtung einer *Qualitäts-Tiefe*, die ein weiteres Prinzip der Energie ist. Diese Tiefe ist nicht physisch und hat nichts mit Raum und Zeit zu tun. Sie stellt so etwas wie eine Perspektive dar, in der psychische Erfüllung möglich ist. Ein Verständnis dieses Prinzips könnte letztendlich zu einem Verstehen unserer gesamten Existenz führen.

Diese Prinzipien der Grund-Energie scheinen uns einen Aktionsradius vorzugeben, der Freiheit und Möglichkeiten für Entwicklung in alle Richtungen zulässt. Zugegeben, nicht alles ist gleich nachzuvollziehen und einige der Prinzipien lassen viel Spielraum für Diskussionen. – Also, diskutieren Sie und schauen Sie sich an, wie diese Prinzipien mit den neuen Aussagen der Wissenschaften und der aktuellen Philosophen korrespondieren.

Vielleicht ahnen Sie, wie wichtig Spontaneität, Kooperation sowie Sinnhaftigkeit und ein freier Wille für uns Menschen sind, um ein erfülltes Leben zu führen. Starke Emotionen sind erforderlich, um schöpferisch zu sein, aber erst unsere intellektuelle Kraft kann dieser Schöpfung eine Struktur geben. Spaß an der Sache und unser Verstand sind beide gleichermaßen notwendig für die Vollendung irgendeines Projektes auf materieller Ebene. Im übrigen sind alle großen Forscher ihren Intuitionen gefolgt und haben ihren Verstand für die Erklärung ihrer neuen Theorie gebraucht.

Die tiefen Zusammenhänge zwischen Geist und Materie, wenn wir allein schon unseren Körper betrachten, sind nicht mehr zu ignorieren. Der Verstand mit seiner Logik, das Gefühl mit seiner spontanen Kreativität sowie unsere inneren Wahrnehmungen, zusammen werden sie uns weiterbringen.

Auch die Quantenphysik – hier als Oberbegriff gemeint - hat durch ihre Erkenntnisse zu einem neuen Weltbild beigetragen. Ich erinnere hier an die Gedankenexperimente von Albert Einstein 1905, Erwin Schrödinger 1935 und Hugh Everett 1957. Vieles gilt, experimentell als bewiesen und wird heute, bedingt durch eine bessere Technik, mit weiteren Erkenntnissen untermauert und gedanklich fortgeführt. Interessant ist in diesem Zusammenhang vielleicht auch David Deutsch, wenn er von Paralleluniversen spricht.

Uns wird hierdurch vor Augen geführt, dass letztlich der Beobachter seine Welt erzeugt. Allerdings sträuben sich bisher noch bei vielen Wissenschaftlern die Nackenhaare, wenn sie sich die praktischen Konsequenzen daraus vorstellen.

So, wie jeder seine Welt sieht, ist sie eine Möglichkeit von vielen. Und die Welt eines Eichhörnchens ist ebenso real wie die eines Menschen, obwohl sie recht unterschiedlich sein dürften. Wir alle reiten auf dem Wellenkamm unseres Bewusstseins, und wissen noch nicht, wer die Wellen macht.

Resümee

Wir müssen uns wohl verabschieden von einem Universum, das einsam und allein unausweichlich seinen Weg vom Anfang bis zum Ende geht. Heute fragen sich auch Physiker: Was war vor dem Urknall? Gibt es ein Außerhalb unseres Universums? Welcher Art ist die ursprüngliche Energie? Es existiert auch bereits die theoretische Vorstellung, dass unser Universum instabil ist. Eine gute Voraussetzung für weitere Entwicklung.

Wir sollten uns auch von einem Universum verabschieden, das anscheinend von einem Gott des Zufalls geschaffen wurde. So sollen sich *(Quelle: Geo Kompakt, der Urknall 2012)* zu Beginn des Universums Materie und Antimaterie gegenseitig ausgelöscht haben, bis ein Materieteilchen übrig blieb. Nur aus diesem Zufall heraus konnten wir Menschen überhaupt entstehen.

Physiker mögen das so interpretieren, aber vielleicht haben sich auch lediglich die drei Welten voneinander abgegrenzt. Oder glauben Sie, Sie sind ein dem Zufall ausgeliefertes Opfer in einer Welt, in der Ihr Verstand und Ihre Ziele keine Bedeutung haben?

Viel eher ist doch denkbar, dass unser materielles Universum von einer Art göttlicher Energie absichtlich ins Leben gerufen wurde, die bewusst aufgrund ihrer inneren Kreativität und Schöpferfreude Universen erschafft. Unter anderem eben auch unser materielles mit all seinen natürlichen Phänomenen, in dem Teile von ihr, mutige Wesen in eigener Verantwortung eine menschliche Lebenserfahrung machen, um sich selbst und damit das Bewusstsein von allem weiter zu entwickeln.

Für uns Menschen wäre es von großem Vorteil, wenn wir verstehen könnten, dass wir es nicht mit einem strafenden Gott zu tun haben, sondern dass wir in liebevollem Vertrauen sogar mit einem freien Willen ausgestattet sind. Im Hinblick auf die Probleme in unserer Welt brauchen wir deshalb nicht zu fragen "Wie kann Gott so etwas zulassen?". Wir sollten vielmehr fragen: "Wie können *wir* so etwas zulassen?"

Die Menschen sind nicht als Diener oder Opfer höherer Mächte auf diese Welt gekommen, auch wenn sie sich oft so verhalten, weil sie sich selbst noch nicht kennen.

Die inneren Vorgänge kennen keinen Zwang und keine Unterdrückung, denn Liebe kann nur in Freiheit existieren. Meine Vorstellung von Gott ist eher eine, liebevolle, wissende und schöpferisch omnipotente Energie, aus der alles besteht, und mit der wir als Menschen unauslöschlich verbunden sind. Bestehend aus göttlichem Stoff und mit einem eben solchen Bewusstsein versehen, sind wir selbst verantwortlich für das, was wir tun oder nicht tun. In unserem eigenen Interesse wird uns unser Verlangen nach Wissen und Zusammenarbeit ganz sicher weiter bringen.

Es hat mir Freude gemacht, Ihnen in diesem Buch einige Häppchen für Feinschmecker der besonderen Art anzubieten, und ich würde mich sehr freuen, wenn auch Sie ein Lesevergnügen hatten und Ihnen zudem noch gesundheitlich ein dauerhafter Nutzen daraus erwachsen kann. Falls Sie mehr Appetit haben, nehmen Sie gern Kontakt mit mir auf.

Als ich seinerzeit in den 80er Jahren mit dem Studium des Seth-Materials begann, stand ich einigen Aussagen sehr skeptisch gegenüber. Das hat sich mit der Zeit durch Verstehen und Anwenden der Ideen gewandelt. In meiner persönlichen Erfahrung und bei meiner Heilarbeit mit vielen Menschen hat sich dieses Wissen als unschätzbar wichtig erwiesen, weil es neue Möglichkeiten und Freiheiten für unsere Gesundheit und unser Leben bietet, die jeder ohne jegliches Dogma nutzen kann. Lassen Sie sich inspirieren zu einem freien, eigenverantwortlichen Leben.

Allen Leserinnen und Lesern wünsche ich stets eine gute Gesundheit, eine liebevolle Umgebung und viel Freude in dieser Welt. Machen Sie daraus für sich und andere die beste aller Welten.

>Die Welt ist nicht größer als das Fenster,
>das du ihr öffnest.
>(Weisheit aus Deutschland)

Anhang

Wichtiges auf einen Blick

Die Kernaussagen:

- Sie können sehr viel mehr für Ihre eigene Gesundheit tun, als Sie bisher dachten
- Ihre Heilkraft ist auf natürliche Weise in Ihre Zellen einprogrammiert
- Ihre Gedanken und Gefühle 'sprechen' mit Ihren Zellen und Organen und erteilen ihnen ständig Anweisungen
- Der Inhalt Ihrer Psyche drückt sich ständig in Ihrem Leben aus. Wie innen so außen

Nutzen Sie die Macht Ihrer Gedanken und Gefühle für Ihre Gesundheit

- Hinterfragen Sie alles, was Ihnen schlechte Gefühle bereitet und Sie einschränkt
- Befreien Sie sich von allen Gedanken, die Sie herunterziehen oder Ihnen Angst machen
- Lösen Sie Ihre inneren Probleme. Das ist die beste Garantie für Gesundheit
- Freude und der spontane Ausdruck von Emotionen gibt Energie und befreit
- Aktivieren Sie all Ihre Sinne und genießen Sie die Natur, das regeneriert und erfrischt
- Wenn Sie ein Problem haben, stellen Sie sich immer die bestmögliche Lösung dafür vor
- Ein optimal konzentriertes Bewusstsein kann Körper und Psyche heilen und Nahrung verträglich machen.
- Nutzen Sie das Archiv Ihres Unterbewusstseins für Ihre Gesundheit
- Bitten Sie vor dem Schlafen um heilende Träume oder die bestmögliche Lösung für ein Problem

Eine Aufgabe
Schreiben Sie sich bitte einmal alles auf, wobei Sie sich gesund fühlen und was Sie mit Lust und Freude tun, oder in der Vergangenheit getan haben oder in der Zukunft tun möchten. Denken Sie ruhig etwas länger darüber nach; vielleicht werden Sie von sich selbst überrascht sein.

Eine Mentale Pille
Diese Tablette ist vielleicht etwas schwer zu schlucken, sie hat aber bei jedem kleinen Zipperlein ihre eigene Wirkung. Probieren Sie es aus:

Denken Sie 3mal am Tag für 3 Minuten ganz intensiv daran, wie Sie vollkommen gesund sind – und stellen Sie es sich so deutlich wie möglich vor. Versuchen Sie dabei so deutlich wie möglich zu fühlen, wie sich das in Ihnen anfühlt, ganz gesund zu sein. Und dann tun Sie in Ihrer Vorstellung etwas, das Ihnen ganz klar zeigt, was Sie dann tun, wenn Sie gesund sind.

Machen diese Übung 3 Wochen lang und schauen Sie, was sich bei Ihnen verändert.

<u>Mögliche Nebenwirkungen:</u>
1. Sie werden nach der Anwendung wütend und wollen nicht mehr weitermachen. Dann haben Sie dem Zipperlein-Verursacher direkt auf die Zehen getreten. Er wehrt sich auf seine Weise.

Abhilfe: Machen Sie einfach weiter, denn Sie wollen ja etwas verändern. Sie haben einen freien Willen, und wenn Sie etwas tun wollen, was Sie für richtig halten, dann lassen Sie sich nicht von einem Gefühl davon abhalten.

2. Sie sind nach der Anwendung so gut gelaunt und hochgestimmt, dass Sie nicht schlafen können.

Abhilfe: Sie sollten die letzte Pille des Tages 3 Stunden vor dem Zubettgehen anwenden.

Quellenangaben

- *Gespräche mit Seth, 448 Seiten, 9. Auflage von 2000,*
    Hugendubel Verlag, Kailash; 1.-8.Auflage Ariston Verlag
- *Die Natur der persönlichen Realität, 502 Seiten,*
    deutsche Ausgabe von 1985, Ariston Verlag
- *Seth und die Wirklichkeit der Psyche, Band 2, 606 Seiten,*
    deutsche Ausgabe von 1989, Goldmann Verlag
- *Die frühen Sitzungen, Band 1, 352 Seiten,*
    deutsche Erstausgabe von 2000, Sethverlag
- *Die frühen Sitzungen, Band 2, 354 Seiten*
    deutsche Erstausgabe von 2001, Sethverlag
- *Die frühen Sitzungen, Band 3, 363 Seiten,*
    deutsche Erstausgabe von 2001, Sethverlag
- *Die frühen Sitzungen, Band 4, 351 Seiten,*
    deutsche Erstausgabe von 2002, Sethverlag
- *Die Frühen Sitzungen, Band 9, 488 Seiten,*
    deutsche Erstausgabe on 2009, Sethverlag
- *Geo Kompakt, der Urknall 2012*
- *Geo Zeitschrift, Juni 2013*

Stichwortverzeichnis

Stichworte:	Seite
Absicht	16, 23,27, 30, 50, 59, 64, 75, 89
Achtsamkeit	10, 44, 74, 88
Ansteckung	39
Bedürfnisse	1023, 26, 29, 45
Belastungen	11,18, 31, 36, 67
Bewusstsein	7, 15, 21, 34, 47, 53, 64, 70, 77, 87
Blickwinkel	7, 12, 86
Blockade	29, 31, 47, 59, 74
Chemiefabrik	13
Emotionen	28, 50, 60, 64,66,91,94
Energiefeldgrenzen	60, 82
Energie-Körper	57, 58, 59
Entwicklung	7. 14, 24, 33, 45, 57, 68, 81, 85, 90

Stichworte:	Seite
Ergebnis	29, 35, 56, 73
Erinnerung	13, 17, 22, 44, 76
Erkältung	17
Freude	7, 14, 20, 30, 38, 43, 54, 64, 77, 93
Fußstapfen	76, 79
Gegenwart	55, 77, 79, 86, 89
Gehirn	19, 21, 33, 34
Gesundheit	9, 12, 21, 25, 29, 33, 38, 45, 59, 66, 73
Gewohnheit	12, 30, 36, 43, 46
Heilkraft	27, 38, 41, 45, 94
Heilung	9, 20, 32, 36, 68, 71, 90
Identität	58, 61, 62
Impetus	88
Informationen	6, 15, 24, 31, 47, 50, 56, 68, 71
Intensität	72, 86
Jimmy	51
Kommunikation	26, 38, 48, 50, 53, 60, 71, 89
Kontinuierlich	15, 25, 28, 50, 56, 72, 84
Konzentration	40, 52
Körper	9, 12, 17, 24, 28, 35, 40, 44, 53, 64, 76, 89
Masterplan	13, 16, 26
Meditation	11, 44
Nerven	28, 52, 57, 73
Opfer	54, 92
Persönlichkeit	12, 22, 40, 53, 59, 64, 79, 82
Philosophisch	6, 59
Potenzial	6, 8, 63, 68, 71
Psychosomatisch	10
Quäntchen	15, 51, 83
Quanten	7, 55, 70, 75, 91
Quelle	7, 23, 36, 62. 72, 84
Raumanzug	64
Rückführungen	13
Schwarzmaler	66
Scrabble	8
Seele	9, 13, 24, 26, 37, 53, 62, 67, 76, 84
Simultan	76, 78, 86, 89
Spontanheilungen	36
Stempel	75

Stichworte:	Seite
Stoffwechsel	14, 89
Taschenlampe	22, 24
Trance	69
Träume	14, 24, 42, 60, 86, 94
Turbulenzen	60
Umwandlung	15, 28, 56, 58, 72, 89
Universum	7, 15, 51, 56, 63, 67, 74, 78, 82, 87, 92
Unterbewusstsein	18, 23, 41, 45, 48, 63, 68, 94
Unterdrückung	18, 27, 29, 93
Vererbung	6, 13
Verstand	14, 18, 24, 29, 37, 55, 63, 71, 76, 81, 91
Vertrauen	29, 35, 53, 68, 80, 92
Wunder	7, 12, 23, 29, 33, 51, 68, 80
Yoga	43, 44
Zellen	9, 13, 25, 30, 40, 44, 49, 54, 73, 89, 94
Zusammenarbeit	9, 25, 44, 89, 93

Notizen